Consumo e sociedade:
um olhar para a comunicação e as práticas de consumo

Elizeu Barroso Alves

O selo DIALÓGICA da Editora InterSaberes faz referência às publicações que privilegiam uma linguagem na qual o autor dialoga com o leitor por meio de recursos textuais e visuais, o que torna o conteúdo muito mais dinâmico. São livros que criam um ambiente de interação com o leitor – seu universo cultural, social e de elaboração de conhecimentos –, possibilitando um real processo de interlocução para que a comunicação se efetive.

Rua Clara Vendramin, 58 | Mossunguê
CEP 81200-170 | Curitiba | PR | Brasil
Fone: (41) 2106-4170
www.intersaberes.com
editora@editorainstersaberes.com.br

Conselho editorial | Dr. Ivo José Both (presidente) | Drª Elena Godoy |
Dr. Neri dos Santos | Dr. Ulf Gregor Baranow
Editora-chefe | Lindsay Azambuja
Supervisora editorial | Ariadne Nunes Wenger
Analista editorial | Ariel Martins
Preparação de originais | Gilberto Girardello Filho
Edição de texto | Flávia Garcia Pena | Viviane Fernanda Voltolini
Capa | Charles L. da Silva (*design*) | Robert Kneschke/Shutterstock (imagem)
Projeto gráfico | Silvio Gabriel Spannenberg (*design*) | Robert Kneschke/Shutterstock (imagem)
Diagramação | Estúdio Nótua
Equipe de *design* | Iná Trigo | Laís Galvão
Iconografia | Regina Claudia Cruz Prestes

Dados Internacionais de Catalogação na Publicação (CIP)
(Câmara Brasileira do Livro, SP, Brasil)

Alves, Elizeu Barroso
    Consumo e sociedade: um olhar para a comunicação e as práticas de consumo/
Elizeu Barroso Alves. Curitiba: InterSaberes, 2019. (Série Mundo da Publicidade e Propaganda)

    Bibliografia.
    ISBN 978-85-5972-874-3

    1. Capitalismo 2. Comunicação e consumo 3. Consumidores 4. Consumidores –
Comportamento 5. Consumo – Aspectos sociais 6. Globalização 7. Marketing I. Título.
II. Série.

18-19988   CDD-302.23

Índices para catálogo sistemático:
1. Consumo e sociedade: Comunicação: Ciências sociais   302.23
Cibele Maria Dias – Bibliotecária – CRB-8/9427

1ª edição, 2019.

Foi feito o depósito legal.

Informamos que é de inteira responsabilidade do autor a emissão de conceitos.

Nenhuma parte desta publicação poderá ser reproduzida por qualquer meio ou forma sem a prévia autorização da Editora InterSaberes.

A violação dos direitos autorais é crime estabelecido na Lei n. 9.610/1998 e punido pelo art. 184 do Código Penal.

Sumário

7 Prefácio
9 Apresentação
11 Como aproveitar ao máximo este livro

---

15 **1 O mercado e seu desenvolvimento sócio-histórico**
17 1.1 Breve histórico do conceito de mercado
25 1.2 Início do mercado capitalista
29 1.3 Marketing como ferramenta de mercado
32 1.4 Impacto do marketing sobre os consumidores

---

39 **2 O consumidor**
41 2.1 Comportamento do consumidor
49 2.2 Processo de compra
53 2.3 Papéis de compra

---

61 **3 Consumo e comunicação**
63 3.1 Por que consumimos?
68 3.2 De mercado de compradores a mercado de consumidores
74 3.3 Consumo de bens tangíveis e de bens intangíveis
80 3.4 Marcas e processo de comunicação

---

93 **4 Os paradoxos do consumo**
95 4.1 Consumo *versus* consumismo
101 4.2 Consumo e indústria cultural
106 4.3 Consumidor como sujeito
108 4.4 Sujeito como mercadoria
110 4.5 O efêmero e a produção de felicidade

121 **5 O consumo no mundo globalizado**
123 5.1 Consumidores do mundo
127 5.2 Fragmentação, fluidez e desterritorialização: implicações situacionais sobre o comportamento do consumidor
132 5.3 Identidade do consumidor e como/por que o classificamos

149 **6 Consumo: vilão ou mocinho?**
152 6.1 A influência midiática nas relações de consumo
157 6.2 As boas novas do consumo e as mídias sociais
164 6.3 E a ética, onde fica?

175 Para concluir...
177 Consultando a legislação
179 Referências
187 Respostas
191 Sobre o autor

A Deus, por estar conduzindo meus passos de forma justa e perfeita.

A minha mãe, Dona Maria.

A minha esposa, Fernanda, e a meus filhos, Arthur e Eloise, por formarem a tríplice argamassa da construção de minha vida.

Ao Centro Universitário Internacional Uninter, por ser a instituição onde iniciei minha jornada acadêmica.

Ao professor Alexandre Correia dos Santos, pelo convite e pelas diversas trocas de ideias que possibilitaram a elaboração desta obra.

Ao Programa de Suporte à Pós-Graduação de Instituições de Ensino Particulares da Coordenação de Aperfeiçoamento de Pessoal de Nível Superior (Prosup-Capes), pelo apoio em meu doutoramento.

Ao pessoal da Editora InterSaberes, Lindsay, Ariadne e Daniela, por todo o suporte para a realização deste livro.

"A sociedade é dependente de uma crítica às suas próprias tradições."

Jürgen Habermas

Prefácio

Compreender a sociedade em suas mais diferentes formas, composições e políticas está longe de ser algo simples, raso. Na obra *Consumo e sociedade: um olhar para a comunicação e as práticas de consumo*, Elizeu Barroso Alves propõe uma viagem histórica para a análise das práticas de consumo na sociedade, tratando o tema de forma impecável e inter-relacionada.

Esta obra representa uma importante contribuição para a reflexão e a compreensão de conceitos que vão desde as primeiras trocas, passando pelas revoluções industriais, pelas pesquisas iniciais sobre consumo, pelo mercado e pelo sistema capitalista, até o sujeito como consumidor.

A dinâmica e a linearidade deste livro favorecem o entendimento da dita *lógica de mercado*, cada vez mais complexificada por seus diversos cenários e formas de atuação. Os processos de aquisição, o comportamento do consumidor, os fatores que influenciam o momento da compra e as diferenças entre consumo e consumismo também são objeto dessa análise.

Alves ainda fomenta uma discussão entre vários autores a fim de justificar a consolidação do sistema econômico vigente, em que as empresas aumentam suas receitas e o sujeito consome com a ideia de ser feliz, na insistente busca pela satisfação de seus desejos, reforçando ideais do sistema capitalista.

Em diferentes ensaios e falas, o autor ainda suscita – como campo da comunicação – a importância da Escola de Frankfurt e de sua mais notável tese, que versa sobre a indústria cultural, correlacionando o tema com o sujeito e inscrevendo reflexões interessantes por meio de casos e histórias relacionados a propaganda e a publicidade.

Por fim, conhecer o consumidor mediante o entendimento das teorias, inclusive suas virtudes e falibilidades, e compreender o consumo e a sociedade são os eixos condutores desta obra. Em tempos de grandes mudanças de hábitos e comportamentos, seja no campo da comunicação, seja na forma de apreensão de variados tipos de mídias, este livro propicia o enriquecimento do fazer saber na área de comportamento e comunicação. Excelente leitura!

Alexandre Correia dos Santos
Doutorando em Comunicação e Linguagens, professor e coordenador do curso de Publicidade e Propaganda, nas modalidades EAD e presencial, do Centro Universitário Internacional Uninter.

Apresentação

Escrever um livro é uma tarefa intrigante. Primeiramente, devemos escolher como a obra será escrita: se só relataremos fatos, em uma versão ingênua do positivismo, que pretende a separação do objeto de estudo; ou se faremos um trabalho hermenêutico que abre portas para a reflexão. Aqui, optamos por este segundo caminho. Acreditamos que toda obra, apesar de conter uma página final, é inacabada, pois, com a complexidade da esfera social, mudanças sempre ocorrem. Assim, nossa intenção é propor uma perspectiva fenomenológica, deixando a verdade em suspenso, e refletir sobre consumo e sociedade, para que você possa ampliar seus conhecimentos.

De acordo com Kotler e Keller (2012, p. 3), "o marketing envolve a identificação e a satisfação das necessidades humanas e sociais". E é esse conceito que embasará nossa disucssão sobre o consumo e a comunicação como construções sociais.

Dessa forma, pretendemos lançar luz sobre a inter-relação entre sociedade e consumo para além da mera apresentação de fatos. Discorreremos sobre pontos centrais que permeiam os debates relacionados à área nos ambientes acadêmicos e empresariais, pois o tema tem ampla importância nos dias atuais.

Diante dessa perspectiva, esta obra está organizada da seguinte maneira: no Capítulo 1, traçamos um breve histórico da transformação da sociedade, a fim de entender o consumo e a constituição dos pensamentos mercadológicos. No Capítulo 2, expomos o que é um consumidor e quais são seus anseios no processo de aquisição de produtos e serviços para sanar necessidades. No Capítulo 3, explicitamos o que se entende por consumo e como a comunicação está entrelaçada nesse processo, para que, no capítulo seguinte, possamos revelar quais são os paradoxos do consumo.
No Capítulo 5, debatemos as transformações nas relações mercantis oriundas da globalização e a concepção indenitária dos sujeitos. Por fim, no Capítulo 6, fazemos uma reflexão sobre o papel da comunicação em nosso modo de consumir.

Boa leitura!

Como aproveitar ao máximo este livro

Este livro traz alguns recursos que visam enriquecer o seu aprendizado, facilitar a compreensão dos conteúdos e tornar a leitura mais dinâmica. São ferramentas projetadas de acordo com a natureza dos temas que vamos examinar. Veja a seguir como esses recursos se encontram distribuídos no decorrer desta obra.

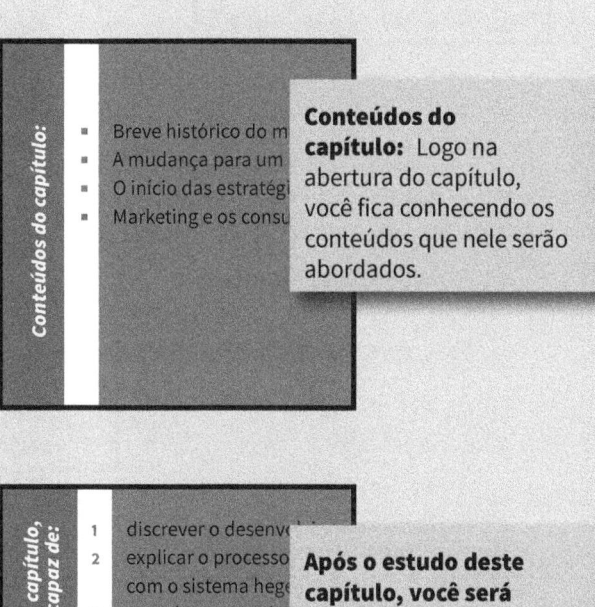

Conteúdos do capítulo: Logo na abertura do capítulo, você fica conhecendo os conteúdos que nele serão abordados.

Após o estudo deste capítulo, você será capaz de: Você também é informado a respeito das competências que irá desenvolver e dos conhecimentos que irá adquirir com o estudo do capítulo.

Perguntas & respostas

O que é obsolescência programada?

É a ação de produzir bens com vida úti[l]
De certa forma, isso força o cons[umidor]
novas de um mesmo produto. E[m prazos]
curtos, "os aparelhos e os equipa[mentos]
elétricas aos óculos, deixam de f[uncionar por uma falha]
prevista dum dos seus elementos. É i[mpossível encontrar uma]
peça de substituição ou um técnico qu[e...]
2012, p. 33).

Perguntas & respostas Nesta seção, o autor responde a dúvidas frequentes relacionadas aos conteúdos do capítulo.

Estudo de caso

Adalberto Juliatto, Augusto Tortato e L[...]
[disco]rrem sobre a tecnologia *streamin*[g]
[e for]ma como a sociedade consome e[...]
[músi]cas, séries etc.).

[O gr]ande estudioso da sociedade conte[mporânea]
[o po]lonês Zygmunt Bauman defendia q[ue...]
consumo. Somos parte da sociedade [...]
[globa]lização. Comprar é tão fácil quanto de[...]
ligado a uma definição de identidade [e]
necessidades.

Estudo de caso Esta seção traz a seu conhecimento situações que vão aproximar os conteúdos estudados de sua prática profissional.

Síntese

Neste capítulo, avançamos no entendi[mento do]
consumo e como ele modera a socieda[de e a]
influência da globalização nos mercad[os, pois]
eles passaram a importar e expo[rtar produtos]
econômicos, mas também polític[os...]

Assim, destacamos que algumas [caracte-]
lização para o mercado são a des[...]
tação e a fluidez no consumo. També[m vimos que]
as mudanças propiciadas pela forma [...]
global são provocadas pela globalizaç[ão...]

Síntese Você dispõe, ao final do capítulo, de uma síntese que traz os principais conceitos nele abordados.

Questões para revisão

1) A empresa Pixinguinha Car, renom[ada] marca Jeep em Piracicaba, n[...] procurou a rádio Ouro Preto [...] ções dos novos lançamentos [...] marketing deve saber que os [...] ficados e, assim, identificar o [...] para realizar as veiculações. [...] ser classificado como:
   a) básico.
   b) especialidade.
   c) conveniência.

Questões para revisão Com estas atividades, você tem a possibilidade de rever os principais conceitos analisados. Ao final do livro, o autor disponibiliza as respostas às questões, a fim de que você possa verificar como está sua aprendizagem.

Consultando a legislação Nesta seção você confere como se apresenta a fundamentação legal do assunto que abordamos ao longo do livro, em toda sua abrangência, para você consultar e se atualizar.

BRASIL. Lei n. 4.680, de 18 de [...]
Oficial da União, Poder Legis[...]
21 jun. 1965. Disponível em: <[...]
gov.br/ccivil_03/leis/l4680.ht[...]
2018.

Essa lei "dispõe sobre o [...]
profissão de Publicitário [...]
de Propaganda" (Brasil, [...]

BRASIL. Lei n. 8.078, de 11 de s[...]
Diário Oficial da União, Pod[...]
DF, 12 set. 1990. Disponível e[...]
planalto.gov.br/ccivil_03/leis/[...]
em: 11 out. 2018.

Essa lei estabelece "norm[...]

1
O mercado e seu desen-volvimento sócio-histórico

Conteúdos do capítulo:

- Breve histórico do mercado.
- A mudança para um mercado capitalista.
- O início das estratégias mercadológicas.
- Marketing e os consumidores.

Após o estudo deste capítulo, você será capaz de:

1. discrever o desenvolvimento do mercado;
2. explicar o processo histórico que culminou com o sistema hegemônico de mercado;
3. reconhecer os primeiros conceitos mercadológicos;
4. utilizar os conceitos do mercado para entender algumas concepções da época atual.

Desde os primórdios, a humanidade efetuou relações de troca. Há, inclusive, alguns registros de que no Paleolítico os homens das cavernas trocavam entre si as ferramentas rudimentares que produziam para a caça. Ainda, durante o Neolítico, com a descoberta das técnicas de plantação e domesticação de animais, surgiram as primeiras comunidades, visto que já não era necessário mudar de local sempre que os recursos se findavam.

Assim, chamamos a atenção para o fato de que as trocas já existiam entre aqueles que viviam em grupos. Graças às descobertas da ciência em relação às pinturas de nossos ancestrais em cavernas, podemos apontar que, nessas comunidades, já havia um mercado arcaico de trocas. No decorrer dos séculos, esse quadro foi mudando, e as trocas foram se tornando cada vez mais sofisticadas, passando a incluir transações com moeda, produção em massa, descoberta de novos mercados consumidores etc. E assim chegamos aos dias de hoje.

Nessa seara, precisamos realizar uma viagem histórica para explicar o que significa esse ambiente organizado de trocas de bens e serviços.

1.1
Breve histórico do conceito de mercado

Iniciaremos nossa viagem analisando o conceito de mercado da modernidade, com vistas a compreender como ele se consolidou ao longo dos séculos. De acordo com Sandroni (2006, p. 528),

Um mercado existe quando compradores que pretendem trocar dinheiro por bens e serviços estão em contato com vendedores desses mesmos bens e serviços. Desse modo, o mercado pode ser entendido como o local, teórico ou não, do encontro regular entre compradores e vendedores de uma determinada economia.

Nos dias atuais, parece fácil entender a lógica de mercado: o meio onde, de um lado, há os que demandam e, de outro, os que ofertam. Essa máxima será o cerne de nossa discussão, para demonstramos como simples atos de troca se tornaram tão complexos. Partiremos da ideia de escambo e da expansão marítima do comércio na Idade Média para, depois, discutir como o sistema capitalista e seus preceitos se tornaram uma forma hegemônica de mercado.

Ao olharmos para a história, veremos que a comercialização já existia entre os povos árabes, assírios, fenícios e babilônios, os quais faziam grandes expedições mundiais para descobrir "novos mundos". Assim, as trocas entre tribos na Idade Antiga ocorriam por meio de **escambo** – a troca de bens sem uso de moeda. Segundo Pinheiro (2005), o escambo pode ser considerado o primeiro estágio da economia sem a intervenção de um instrumento de moeda. A Figura 1.1 mostra uma operação de escambo entre nórdicos e russos; entre os itens oferecidos, há alimentos, armas etc.

Figura 1.1 Escambo

MAGNUS, O. On Trade Without Using Money. In: ____. **Historia de Gentibus Septentrionalibus**. Roma, 1555. Livro 4, Capítulo 5.

As Grandes Navegações, nos séculos XV e XVI, promoveram uma grande expansão do comércio em nível mundial, porém ainda de forma tímida e artesanal, especialmente em comparação ao que ocorreu no século XXI, em que, com o advento da internet, o mercado ultrapassa os limites do físico para se tornar um mercado digital. Vale lembrar que as campanhas de navegações duravam muitos anos e eram realizadas unicamente via transporte marítimo.

Nesses séculos, houve a fundação de grandes companhias de navegação:

- Companhia Britânica das Índias Orientais (1600);
- Companhia Neerlandesa das Índias Orientais (1602);
- Companhia Francesa das Índias Orientais (1664).

Perguntas & respostas

Qual foi o primeiro banco do mundo?

Com o passar dos séculos, o homem promoveu algumas inovações no ato de comercializar. Por exemplo, foram criados mecanismos para melhorar o fluxo de trocas. Assim, nasceram as moedas e as instituições financeiras. Segundo Salomão (2014), o banco mais antigo do mundo é o italiano Monte dei Paschi di Siena, fundado em 1472.

Na Inglaterra, entre o final do século XVIII e o início do XIX (de 1760 a 1840, aproximadamente), ocorreu a **Primeira Revolução Industrial**, que também ficou conhecida como *Revolução do Carvão e do Ferro*, pois esses materiais se tornaram fonte de energia e matéria-prima para máquinas a vapor e locomotivas. Com isso, ganhava-se mais um meio de transporte para escoar a mercadoria entre as cidades. Foi então que o mercado iniciou sua transformação: de um sistema feudal, artesanal, passava a ser um mercado que já começava a ganhar escala. Nessa revolução, o ramo que o caracterizou foi o têxtil de algodão, como observa o historiador Eric Hobsbawm (2015, p. 25):

> Em termos de vendas, a revolução industrial pode ser descrita, com a exceção dos primeiros anos da década de 1780, como a vitória do mercado exportador sobre o doméstico: por volta de 1814, a Grã-Bretanha exportava cerca de quatro jardas de tecido de algodão para cada três usadas internamente, e, por volta de 1850, treze para cada oito. E dentro deste mercado exportador em expansão, por sua vez, os mercados colonial e semicolonial, por muito tempo os maiores pontos de vazão para os produtos britânicos, triunfaram.

A Figura 1.2 mostra uma linha de montagem com maquinários construídos após os avanços obtidos com a Primeira Revolução Industrial.

Figura 1.2 Primeira Revolução Industrial

HINE, L. **Crianças trabalhando em fábrica de algodão em Macon, Geórgia**. 1909. Fotografia.

Entre as décadas de 1850 e 1940, ocorreu a **Segunda Revolução Industrial** (Figura 1.3), a era do aço, na qual houve o desenvolvimento das indústrias químicas, elétricas e de petróleo. O que antes era feito e comercializado de forma artesanal passou a ser produzido em larga escala para atender aos mercados industriais. Assim, surgiram o carro e o trem e, em 1906, aconteceu o primeiro voo de avião, com o 14-bis, construído pelo brasileiro Alberto Santos Dumont. Desse modo, o mercado se desenvolveu impulsionado pela lógica do capitalismo, a qual abordaremos minuciosamente na sequência deste capítulo.

Dathein (2003, p. 5) apresenta algumas diferenças entre as duas revoluções até agora apresentadas:

> A Segunda Revolução Industrial possui várias características que a diferenciam da Primeira. Uma delas foi o papel assumido pela ciência e pelos laboratórios de pesquisa, com desenvolvimentos aplicados à indústria elétrica e química, por exemplo. Surgiu também uma produção em massa de bens padronizados e a organização ou administração científica do trabalho, além de processos automatizados e a correia transportadora. Concomitantemente, criou-se um mercado de massas, principalmente e em primeiro lugar nos EUA, com ganhos de produtividade sendo repassados aos salários.

Observe na Figura 1.3 uma linha de produção movida a energia elétrica e com o uso de novos materiais oriundos da Segunda Revolução Industrial.

Figura 1.3 Segunda Revolução Industrial

Lambert/Getty Images

Esse mercado atravessou fronteiras e culminou na **Terceira Revolução Industrial**, também conhecida como *Revolução Tecnológica*, que teve início nos anos 1960 e se estende até os anos 2000. Nessa fase, houve o desenvolvimento de computadores, de aparelhos de fax, da internet, de celulares e *smartphones* etc. Trata-se, portanto, de uma revolução da tecnologia e da comunicação.

Há ainda a chamada **Quarta Revolução Industrial**, também conhecida como a *era da indústria 4.0*, caracterizada pela convergência das tecnologias digitais, físicas e biológicas, perfazendo, assim, a utilização das neurotecnologias (Schwab, 2016). Um exemplo dessa nova realidade é o que denominamos *internet of things*, ("ou internet das coisas"), que visa conectar à internet objetos físicos do dia a dia, tornando possível controlá-los remotamente.

Se no século XIX, com Graham Bell, surgiu o embrião da comunicação em longa distância entre os seres humanos, o telefone, atualmente existe uma comunicação entre as coisas. As revoluções industriais citadas resultaram em uma **globalização** mais intensa dos mercados, de forma a integrá-los a uma economia mundial. Saiu-se de uma história de escambo local e passou-se a uma constituição de mercados globais, o que certamente causa grandes **impactos no consumo**.

A Figura 1.4 apresenta uma breve síntese dessas quatro revoluções industriais:

Figura 1.4 Síntese das revoluções industriais

AS REVOLUÇÕES INDUSTRIAIS

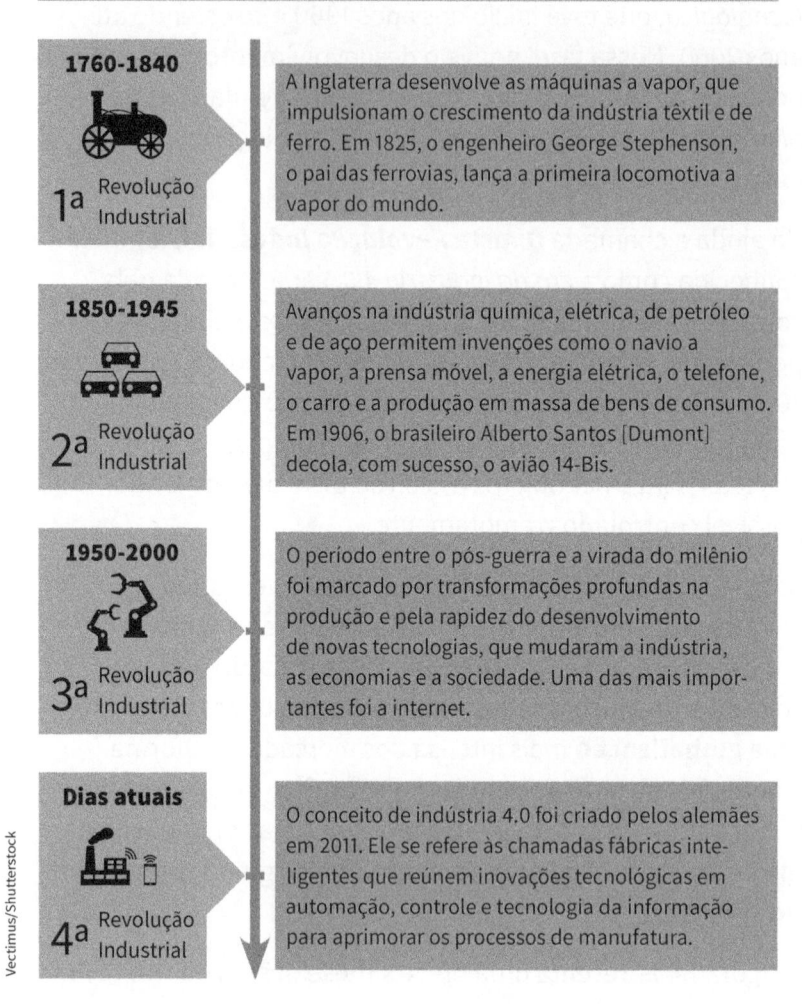

1760-1840 — 1ª Revolução Industrial
A Inglaterra desenvolve as máquinas a vapor, que impulsionam o crescimento da indústria têxtil e de ferro. Em 1825, o engenheiro George Stephenson, o pai das ferrovias, lança a primeira locomotiva a vapor do mundo.

1850-1945 — 2ª Revolução Industrial
Avanços na indústria química, elétrica, de petróleo e de aço permitem invenções como o navio a vapor, a prensa móvel, a energia elétrica, o telefone, o carro e a produção em massa de bens de consumo. Em 1906, o brasileiro Alberto Santos (Dumont) decola, com sucesso, o avião 14-Bis.

1950-2000 — 3ª Revolução Industrial
O período entre o pós-guerra e a virada do milênio foi marcado por transformações profundas na produção e pela rapidez do desenvolvimento de novas tecnologias, que mudaram a indústria, as economias e a sociedade. Uma das mais importantes foi a internet.

Dias atuais — 4ª Revolução Industrial
O conceito de indústria 4.0 foi criado pelos alemães em 2011. Ele se refere às chamadas fábricas inteligentes que reúnem inovações tecnológicas em automação, controle e tecnologia da informação para aprimorar os processos de manufatura.

Fonte: Sakkis; Afonso, 2016.

Até este ponto de nossa abordagem, voltamos nosso olhar aos últimos séculos para apresentar alguns fatores que desencadearam a formação do mercado como atualmente se configura. Mas não se engane: a história não foi tão romântica como divulgam alguns historiadores, economistas e sociólogos, tampouco foi uma evolução natural tal qual Charles Darwin apresentou em sua teoria naturalista. A história do mercado, principalmente nessa guinada moderna, é fruto de um sistema e de um mercado criados: o mercado capitalista.

1.2
Início do mercado capitalista

Não podemos discutir o consumo nos dias atuais sem antes abordar as condições sócio-históricas que culminaram na desintegração do feudalismo, na passagem da Idade Média para a Idade Moderna e na constituição de um sistema capitalista de mercado.

Para essa discussão, recorreremos principalmente a Karl Polanyi (1886-1964) e a sua obra *A grande transformação: as origens de nossa época*, lançada em 1944, que relata brilhantemente como passamos de uma sociedade *com* mercado para uma sociedade *de* mercado.

Tendo em vista a história da transformação da vida em sociedade, principalmente em sua concepção pós-revoluções industriais, podemos assumir que a vida está organizada em um sistema pautado no cálculo utilitário de consequência, em uma racionalidade instrumental/formal como centro do sistema de produção capitalista:

> O rápido esboço dos sistemas econômicos e dos mercados, tomados em separado, mostra que até a nossa época os mercados nada mais eram do que acessórios da vida econômica. Como regra, o sistema econômico era absorvido pelo sistema social e, qualquer que fosse o princípio de comportamento

predominante na economia, a presença do padrão de mercado sempre era compatível com ele. (Polanyi, 2000, p. 89)

Como consequência dos movimentos desenvolvimentistas que rumaram ao progresso esperado pelos iluministas há três séculos, deixamos de ser uma sociedade agrícola. Nesse sentido, Polanyi (2000) esclarece que as condições para que o mercado deixasse de fazer parte da vida não surgiram naturalmente, isto é, precisaram ser criadas.

Assim, antes de o sistema de mercado colonizar a vida a partir do século XIX, já havia traços de uma economia social: "o selvagem individualista, que procura alimentos ou caça para si mesmo ou para sua família, nunca existiu" (Polanyi, 2000, p. 73). Apesar do nível avançado de agricultura, "a prática de prover as necessidades domésticas próprias [...] nada tinha em comum com a motivação de ganho" (Polanyi, 2000, p. 73).

De acordo com Wood (2001, p. 12),

> O capitalismo é um sistema em que os bens e serviços, inclusive as necessidades mais básicas da vida, são produzidos para fins de troca lucrativa; em que até a capacidade humana de trabalho é uma mercadoria à venda no mercado; e em que, como todos os agentes econômicos dependem do mercado, os requisitos da competição e da maximização do lucro são as regras fundamentais da vida.

O grande passo para a transformação foi a **autorregulação** do mercado e a derrubada de diversas leis que, por serem protecionistas, poderiam impedir o progresso do sistema. No âmago do sistema hegemônico de mercado, havia a proposta de um mercado autorregulável que, como vislumbrava Adam Smith[1], proveria felicidade a todos os envolvidos.

A autorregulação significa que **toda a produção é para venda no mercado**, e que todos os rendimentos derivam de tais vendas. Por conseguinte, há mercados para todos os componentes da indústria, não apenas para os bens (sempre incluindo serviços), mas também para **o trabalho, a terra e o dinheiro, sendo seus preços chamados, respectivamente, preços de mercadorias, salários, aluguel e juros**. Os próprios termos indicam que os preços formam rendas: juro é o preço para o uso do dinheiro e constitui a renda daqueles que estão em posição de fornecê-lo. Aluguel é o preço para o uso da terra e constitui a renda daqueles que a fornecem. Salários são os preços para o uso da força de trabalho, que constitui a renda daqueles que a vendem. Finalmente, os preços das mercadorias contribuem para a renda daqueles que vendem seus serviços empresariais, sendo a renda chamada de lucro, na verdade, a diferença entre dois conjuntos de preços, o preço dos bens produzidos e seus custos. (Polanyi, 2000, p. 90, grifo nosso).

"A motivação do lucro passa a substituir a motivação da subsistência", e o resultado disso é que "todas as transações se transformam em transações monetárias e estas, por sua vez, exigem que seja introduzido um meio de intercâmbio em cada articulação da vida industrial" (Polanyi, 2000, p. 60).

Dessa forma, tudo passou a ser mercadoria: a terra, o trabalho e o dinheiro. Com isso, houve pressão de algumas organizações para se abolirem leis que protegiam os menos afortunados na Inglaterra, como o *Statute of Artificers* (*Estatuto dos*

---

[1] Autor do livro *A riqueza das nações*, de 1776, considerado a primeira grande teorização da lógica do sistema capitalista.

Artífices), de 1563, e a *Poor Law* (*Lei dos Pobres*), de 1601, as quais retiraram "o trabalho da zona de perigo, e a política anticercamento dos Tudors e dos primeiros Stuarts[2] foi um protesto concreto contra o princípio do uso lucrativo da propriedade fundiária" (Polanyi, 2000, p. 91).

Uma das contribuições para essa organização da vida foram as revoluções industriais, na Inglaterra. "Nunca é demais enfatizar que o século dezenove foi o século da Inglaterra: a Revolução Industrial foi um acontecimento inglês. A economia de mercado, o livre comércio e o padrão-ouro foram inventos ingleses" (Polanyi, 2000, p. 47). Nessas transformações, houve ainda a participação ativa do Estado – que se consolidou como mantenedor do *status quo* do sistema –, passou-se de uma lógica de paróquia, que prezava por manter o equilíbrio social, para se assumir uma proposta de mercado que se regularia por si só, mediante as transações comerciais.

Conforme Thiry-Cherques (2009, p. 898), "Max Weber demonstrou como o progresso da civilização no Ocidente foi regido por uma redução à lógica da vida social. Explicou que a modernidade não só deriva da diferenciação da economia capitalista e do Estado, mas também de uma reordenação racional da cultura e da sociedade".

Polanyi (2000) afirma que o capitalismo chegou sem se anunciar, sendo um de seus primeiros sintomas o aumento do pauperismo rural. Posteriormente, com a migração para os grandes centros, os profissionais que até então subsistiam passaram à margem do sistema de mercado.

---

[2] Tudor e Stuart eram dinastias monárquicas da Inglaterra.

Finalizando esta seção, é importante ressaltar dois conceitos da mercadoria explanados por Karl Marx (1988):

1) **valor de uso**: considera-se o fato concreto e material – os objetos a serem consumidos são os bens de uso;
2) **valor de troca**: no sentido abstrato, busca da equivalência de uso pela troca (Marx, 1988). Por exemplo, 1 quilo de carne pode ser trocado por 20 reais, sendo que ambos – produto e dinheiro – nada têm em comum em seu uso prático.

É nesse ambiente transformacional que, atualmente, tem-se a base do consumo da sociedade.

1.3
Marketing como ferramenta de mercado

Até este ponto do livro, apontamos alguns elementos que transformaram o desenvolvimento sócio-histórico da humanidade. No avançar das práticas de troca de mercadorias e com a percepção do valor de troca, muitas foram as concepções desenvolvidas para otimizar a mercantilização. Uma dessas correntes mais bem-sucedidas foi o **marketing** (em tradução literal, *mercado em ação*).

Antes de tratarmos do composto de marketing, precisamos explicar como ele se desenvolveu desde sua origem. Até 1925, as empresas objetivavam produzir itens em larga escala e com eficiência, pois se vendia tudo o que era produzido. Essa fase ficou conhecida como ***era do produto***. Em outras palavras, havia grande demanda, mas pouca oferta. Entre os anos 1925 e 1950, ocorreu o que chamamos de ***era da venda***, uma época em que as técnicas de produção já eram dominadas.

Assim, a preocupação voltava-se para o escoamento do excedente de produção.

A partir de 1950, porém, passou-se a ter um olhar mais direcionado ao mercado, ou seja, tornou-se necessário conceber um conjunto de variáveis ou ferramentas que se traduzissem na forma de pensar o mercado, levando as empresas a compreender como poderiam influenciar a venda de seus produtos ou serviços. Esse conjunto de variáveis – conhecido como *composto de marketing* ou *mix de marketing* –, é representado pelos famosos **4Ps** (produto – *product*; preço – *price*; praça – *place*; promoção – *promotion*), um conceito formulado pelo professor Jerome McCarthy (1928-2015) em seu livro *Basic marketing*. Posteriormente, tal conceito foi popularizado por Phillip Kotler (1931-), um dos nomes mais importantes do marketing.

Na Figura 1.5, são detalhados os Ps do composto de marketing.

Figura 1.5 4Ps de marketing

Mix de marketing			
Produto	**Preço**	**Promoção**	**Praça**
Variedade	Preço de lista	Promoção de vendas	Canais
Qualidade	Descontos	Propaganda	Cobertura
Design	Bonificações	Força de vendas	Sortimentos
Características	Prazo de pagamento	Relações públicas	Locais
Nome da marca	Condições de financiamento	Marketing direto	Estoque
Embalagem			Transporte
Tamanhos			
Serviços			
Garantias			
Devoluções			

Fonte: Kotler; Keller, 2012, p. 24.

Andrade (2012), de forma sintetizada, descreve essa ferramenta:

- **Produto**: "constitui os processos de definição dos produtos e/ou serviços a serem oferecidos ao mercado" (Andrade, 2012, p. 75). Por exemplo, um xampu voltado para o público jovem.
- **Preço**: "é um processo meticuloso de cálculos, o qual envolve aspectos ligados às **finanças** ou aos valores monetários despendidos e almejados como retorno pelas organizações" (Andrade, 2012, p. 76, grifo do original).Refere-se, portanto, à origem das receitas obtidas pelas empresas. Por exemplo, um xampu voltado para o público jovem e que custa R$ 12,95.
- **Praça**: "representa a logística da distribuição do produto e/ou serviço" (Andrade, 2012, p. 76). Refere-se, portanto, ao processo de definir e organizar os tipos de canais pelos quais o cliente poderá ter acesso ao produto. Por exemplo, um xampu voltado para o público jovem, que custa R$ 12,95 e está à venda nas farmácias.
- **Promoção**: "corresponde às atividades de comunicação, de divulgação do produto e/ou serviço" (Andrade, 2012, p. 76), para aumentar o conhecimento do público e, assim, alavancar as vendas. Por exemplo, a criação de um *spot* de rádio pelo qual se anuncia que, na farmácia X, existe um xampu voltado para o público jovem com um preço bem especial.

O composto de marketing é a base para a gestão de marketing, pois, mediante a análise dessas ferramentas, uma empresa pode traçar suas estratégias de atuação no mercado.
Por exemplo, uma rádio pode ter como **produto** um programa de música clássica, com exibição entre 7h e 9h, para atingir os

motoristas que estão no trânsito. Assim, ela pode **precificar** o valor desse anúncio e **promover** esse programa em sua grade ou, até mesmo, em outras mídias, como portais de notícias.

1.4
Impacto do marketing sobre os consumidores

Considerando as transformações mencionadas, podemos separar o mercado em dois pólos: **mercado consumidor**, formado por aqueles que demandam produtos e serviços; e o **mercado produtor**, constituído por aqueles que os ofertam.

Você se lembra dos principais fatores de influência para o surgimento do conhecimento e da prática em marketing? Vamos recordá-los:

- revoluções industriais;
- êxodo rural;
- ampliação do mercado interno;
- necessidade de distribuição agrícola;
- estudos a respeito dessa nova conjuntura realizados em universidades.

Foi nessa seara que surgiu o marcante artigo "Miopia em marketing", publicado por Theodore Levitt (1925-2006) em 1960, em que o autor aborda a necessidade de se pensar o marketing. Somemos a esse texto o estudo de Jerome McCarthy sobre o composto de marketing (4Ps) e as figuras internacionalmente reconhecidas de Philip Kotler e Kevin Keller, com seu livro *Administração de marketing*, que marcou a transição, da faculdade para as empresas, do marketing como pensamento de ação prática.

Dessa forma, o marketing pode ser definido como "a atividade, o conjunto de conhecimentos e os processos de criar, comunicar, entregar e trocar ofertas que tenham valor para consumidores, clientes, parceiros e sociedade como um todo" (American Marketing Association [AMA], citada por Kotler; Keller, 2012, p. 3). Com base nesse conceito, podemos afirmar que o marketing passou por uma grande transformação até os tempos atuais: da era do "vender a qualquer custo" para "vender o necessário"; da comunicação em panfletos para a comunicação em rádio, televisão e internet etc.

Com isso, mudou também a perspectiva de um **marketing de massa** para a **customização em massa**. Posteriormente, em meados da década de 1950, adentramos na **orientação de marketing**, perspectiva segundo a qual seria necessário entender os anseios dos clientes para que a empresa pudesse produzir o produto correto.

Nessa fase, a pergunta norteadora era: Quais são as reais necessidades dos clientes e quais segmentos não estão sendo atendidos? O foco, portanto, deixou de recair exclusivamente no produto e nas vendas e se direcionou aos sentimentos dos consumidores. Mesmo assim, essa ainda era uma perspectiva de **marketing reativo**, isto é, o propósito era atender às necessidades e aos desejos não satisfeitos. Por outro lado, na atualidade, há uma concepção segundo a qual as empresas que atendem às necessidades latentes dos consumidores desenvolvem um **marketing proativo**. Em ambas as situações, empresas que desenvolvem o olhar para o mercado agregam valor para o consumidor e, geralmente, são mais bem-sucedidas.

Assim, a orientação do marketing, que outrora era apenas de escoamento de produtos, tendeu ao desenvolvimento dos produtos certos para as pessoas certas (pelo menos, em tese). Isso significa que as organizações devem olhar para fora e sentir o que os clientes estão querendo, aquilo de que eles necessitam para satisfazer suas necessidades e seus desejos.

Ao olhar para o mercado e procurar entender os anseios dos consumidores, a empresa que coordena todas as atividades de marketing voltadas para os 4Ps tem a possibilidade de conquistar a satisfação do consumidor (Kotler; Keller, 2012).

Além disso, atualmente, com as redes sociais, não basta olhar para fora da organização para sentir o que os consumidores necessitam; é preciso dialogar com eles. Por exemplo, uma rádio deve entender bem seus clientes e oferecer espaços publicitários em programas cujo perfil é adequado aos consumidores. Assim, um meio de comunicação como esse necessita se relacionar bem tanto com os clientes quanto com os anunciantes, pois ambos são consumidores de seus serviços.

Estudo de caso

De cavalos mais rápidos para cavalos no motor

Uma das maiores expressões dos resultados das revoluções industriais e símbolo ímpar de consumo é a indústria automobilística. Dizem que a invenção mais importante da humanidade foi a roda. Realmente, quem teve a ideia de inserir em seu centro uma madeira e torná-la uma ferramenta para veículos locomotores foi um dos seres mais inspirados da humanidade. Desde então, a sociedade os tem utilizado em seu dia a dia.

Certamente, você já assistiu a algum filme que mostrava as lindas charretes utilizadas pela nobreza europeia no século XV. Com esses veículos, movidos por tração animal, as pessoas podiam se locomover. Nesse sentido, a Primeira Revolução Industrial possibilitou a concepção de veículos a vapor.
Na revolução seguinte, no século XIX, surgiram os motores a combustão. Já em 1896, Henry Ford produziu seu primeiro veículo (construído com quatro rodas de bicicleta e motor de 4 cv) e, em 1903, fundou sua empresa: a Ford Motor Company.

Um dos modelos mais lembrados quando associamos a Ford ao automobilismo é o Ford-T, que foi produzido em série. Na esteira da proposta de administração científica de Frederick Taylor (1856-1915), Ford propiciou à sociedade americana a produção desse veículo em larga escala. Tratava-se de um modelo simples, porém embrionário para os carros do século XXI.

Com essa transformação e o advento do sistema capitalista, o carro foi, aos poucos, deixando de ser apenas um meio de transporte, no sentido de seu valor de uso, para se transformar em um bem de consumo, sendo adquirido por causas que, muitas vezes, extrapolam as necessidades básicas de ir e vir. Por exemplo, há quem adquira determinado veículo para ganhar *status*.

Síntese

Neste capítulo, discutimos sobre o desenvolvimento do mercado ao longo dos séculos e todas as transformações que ocorreram nesse percurso histórico. Registramos a transição de um mercado feudal, marcado pelo escambo e por trocas locais, para um sistema que atingia outros mercados mais longínquos. Porém, isso não seria possível sem a consolidação de uma lógica utilitária de mercado, que transformou tudo em mercadoria, principalmente o trabalho. E, nessa lógica, as pessoas passaram a vender sua força de trabalho em troca de um salário, para que, com isso, pudessem consumir as mercadorias disponíveis.

Nesse desenvolvimento mercantil, histórico e social, houve o incremento de práticas mercadológicas no intuito de atender a esse mercado, buscando-se conciliar as demandas e as ofertas. É nessa relação que se insere o consumidor, assunto que abordaremos no próximo capítulo.

Questões para revisão

1) Avalie as assertivas a seguir e a relação entre elas.

    I) A Segunda Revolução Industrial ficou conhecida pelo uso da energia elétrica como fonte motriz de energia, tendo o aço como matéria-prima.

    PORQUE

    II) Ela possibilitou os avanços de produção de vários mercados, principalmente com a nova oferta de produtos diversificados.

    A respeito dessas afirmativas, assinale a opção correta:
    a) Ambas são verdadeiras, sendo a II uma justificativa da I.
    b) Ambas são verdadeiras, mas a II não justifica a I.
    c) A I é verdadeira, e a II, falsa.
    d) A I é falsa, e a II, verdadeira.
    e) Ambas são falsas.

2) A rádio Multi de Piracicaba, em São Paulo, deseja divulgar mais sua marca e sua programação aos ouvintes da tarde, pois houve uma mudança de grade no mês anterior e que

ainda não surtiu efeito. Dessa forma, o P que o gerente de marketing mais deverá trabalhar é:
a) o produto.
b) o preço.
c) a praça.
d) a promoção.
e) as pessoas.

3) Qual ramo de atividade foi símbolo das mudanças provocadas pela Primeira Revolução Industrial?
a) Pesca.
b) Têxtil.
c) Agrário.
d) Petróleo.
e) Comunicação.

4) Para a consolidação do capitalismo, foram necessárias a implantação da prática de autorregulação do mercado e a derrubada de diversas leis protecionistas, como a *Poor Law*. Descreva essa prática de autorregulamentação.

5) Com as transformações do mercado ao longo do tempo, o marketing deixou de ter uma visão reativa e assumiu uma visão proativa. Qual é a diferença entre esses conceitos?

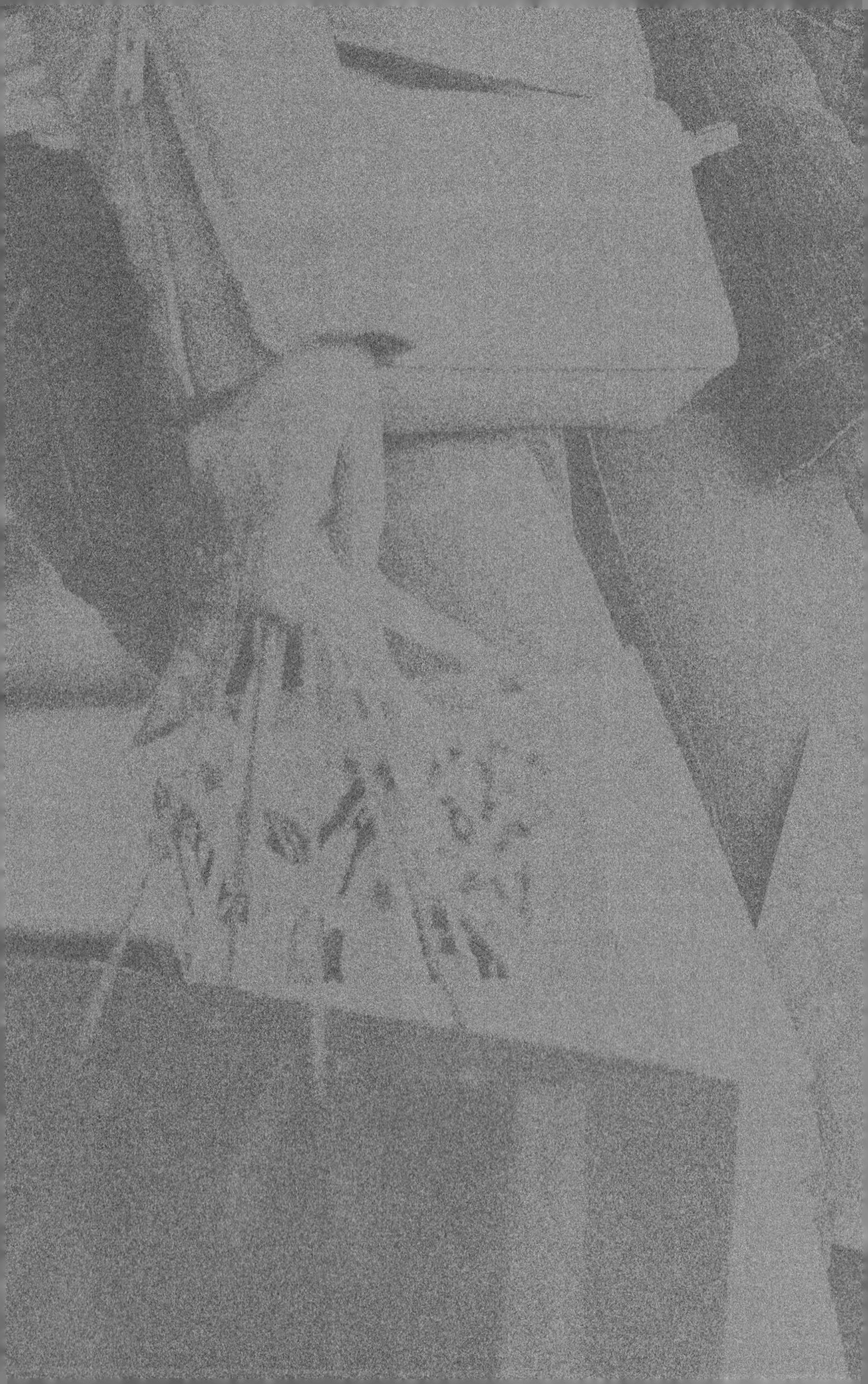

2
O consumidor

Conteúdos do capítulo:

- O que é um consumidor.
- Diferença entre consumidor e cliente.
- Processo de compra.
- Papéis de compra.

Após o estudo deste capítulo, você será capaz de:

1. compreender o que é um consumidor;
2. perceber a diferença entre consumidor e cliente;
3. analisar o processo de compra;
4. utilizar os conceitos dos papéis de compra para entender como ocorre o consumo.

O mercado se transformou ao longo dos anos e influenciou as formas pelas quais as trocas mercantis ocorriam. Antes, um artesão produzia seu produto e o vendia para sua clientela, em baixa escala. Porém, com as revoluções provocadas pela invenção de algumas máquinas e da tecnologia, tornou-se possível vender não apenas em larga escala, mas também para diversos lugares geograficamente distantes.

Assim, o consumidor – que, em tempos longínquos, se utilizava do escambo para adquirir bens de consumo – foi adotando as trocas em moedas, o que impactou o padrão de consumo. Como debatemos no capítulo anterior, o mercado se desenvolveu e, com isso, surgiram as estratégias de marketing, principalmente no sentido de melhor conhecer o consumidor para ofertar-lhe o que necessita ou deseja.

Neste capítulo, discutiremos alguns aspectos sobre esse amoldamento do consumidor e como ocorre o processo de compra. Optamos por, primeiramente, analisar a figura do consumidor, para, depois, abordar o consumo, pois entendemos que há uma diferença entre consumidor e cliente, a qual exploraremos nas próximas seções.

2.1
Comportamento do consumidor

Quando pensamos em mercado e estratégias mercadológicas, o primeiro fator que nos vêm à mente é o comportamento do consumidor. Afinal, o que faz um ouvinte preferir um estilo de música a outro ou o produto de determinada marca a um de seu concorrente direto (Coca-Cola e Pepsi, por exemplo)?

A resposta para esses questionamentos está no **estudo do comportamento dos consumidores**, ou seja, na investigação sobre como eles agem, de que forma se dá o processo de compra, quem os influencia, a quem escutam etc. Você já sabe que o "marketing é o processo de planejar e executar a concepção, estabelecimento de preços, promoção e distribuição de ideias, produtos e serviços a fim de criar trocas que satisfaçam metas individuais e organizacionais" (Churchill Junior; Peter, 2006, p. 4). Agora, você entenderá que os "consumidores são pessoas que compram bens e serviços para si mesmas ou para outros, e não para revendê-los ou usá-los como insumos" (Churchill Junior; Peter, 2006, p. 146).

De acordo com Karsaklian (2004, p. 20), o estudo do comportamento do consumidor pode ser definido como "uma ciência aplicada originária das ciências humanas e sociais, como a economia, a psicologia, a sociologia ou ainda a antropologia. Seu objetivo é compreender os comportamentos de consumo adotando uma perspectiva pluridisciplinar".

Assim, entendemos que os consumidores são a razão da existência de qualquer empresa, pois, sem eles, não existe razão de empreender. As empresas nascem e comercializam seus produtos e serviços para atender a alguma demanda de mercado, ou seja, para resolver os problemas e facilitar a vida dos consumidores.

> Para melhor satisfazê-los, uma empresa precisa agrupá-los em segmentos distintos, cada qual com necessidades comuns, comportamentos comuns, e outros atributos comuns. Um Modelo de Negócios pode definir um ou vários segmentos, pequenos ou grandes. A organização deve tomar uma decisão consciente sobre quais segmentos servir e quais ignorar. (Osterwalder; Pigneur, 2011, p. 20)

As organizações precisam ter a consciência de que conquistar novos clientes requer maior investimento do que manter os atuais (Kotler; Keller, 2012). Portanto, a empresa deve pesquisar bem seus clientes, e a maneira como estes se comportam pode ser um diferencial para os negócios. Esse comportamento diz respeito às necessidades e aos desejos que os consumidores esperam que sejam atendidos; afinal, toda compra é precedida de uma **expectativa**, a qual pode ser atendida e gerar satisfação aos clientes ou não. Abordaremos os motivos de consumo no Capítulo 3. Para nossa discussão de momento, necessitamos, por ora, saber o que é o consumidor.

Kotler e Armstrong (2007, p. 200) apresentam o conceito de *produto*, a partir do qual se pode entender melhor a noção de *consumidor*:

> Definimos um produto como algo que pode ser oferecido a um mercado para apreciação, aquisição, uso ou consumo e que pode satisfazer um desejo ou necessidade. Produtos incluem mais do que apenas bens tangíveis. Definidos amplamente, incluem objetos físicos, serviços, eventos, pessoas, lugares, organizações, ideias ou um misto de todas essas entidades.

O consumidor é quem, de fato, consome o produto, sendo o adquiridor ou não. Churchill Junior e Peter (2006) mencionam que há dois tipos de consumidores: (1) aqueles que adquirem algo para si ou para presentear outras pessoas e (2) os compradores organizacionais, isto é, aqueles que adquirem produtos ou serviços para o consumo das empresas.

Assim, a análise do comportamento do consumidor tem como propósito entender o que leva as pessoas a consumir, ou seja, qual é a motivação delas para o consumo. Nessa atividade, são considerados diversos aspectos motivacionais, desde psicológicos até sociais.

Você lembra que discutimos, no Capítulo 1, as transformações de mercado? Então, antes de o sistema capitalista ter sua hegemonia de mercado, as pessoas consumiam a sua subsistência. Atualmente, no entanto, sabemos que o consumo vai além disso, pois uma pessoa que paga US$ 1.000.000,00 por um carro da marca Ferrari não está adquirindo o produto unicamente para sua locomoção. Ela poderia escolher um automóvel de outra marca. Há uma imagem associada a isso. Há certos aspectos comportamentais envolvidos, concorda?

Perguntas & respostas

Qual é a diferença entre cliente e consumidor?

O **cliente** é quem adquire algo que pode ser para si ou para alguém, ou seja, não necessariamente é quem utiliza o produto ou o serviço adquirido. Já o **consumidor** é aquele que, de fato, consome o produto, sendo ou não o comprador. Por exemplo, pais que têm filhos pequenos normalmente compram muitas fraldas descartáveis. Assim, os pais são os clientes da fabricante, e os filhos, os consumidores. Estes, como abordaremos adiante, são chamados de *usuários* nos papéis de compra e são vitais no consumo. Por sua vez, quando uma pessoa compra um celular para uso próprio, por exemplo, é, ao mesmo tempo, cliente e consumidora.

Portanto, a empresa deve entender quem está apenas comprando e quem está, de fato, utilizando seus produtos, pois isso pode lhe proporcionar mais condições de traçar estratégias mercadológicas condizentes com seu perfil de oferta. Vale ressaltar que os produtos "podem ser definidos como o objeto principal das relações de troca que podem ser oferecidos num mercado para pessoas físicas ou jurídicas, visando proporcionar satisfação a quem os adquire ou consome" (Las Casas, 2006, p. 164).

Uma boa ferramenta para entender o consumidor é colocar-se no lugar dele. Osterwalder e Pigneur (2011) afirmam que as empresas investem pesado em pesquisas de mercado, mas, ainda assim, acabam negligenciando a perspectiva do cliente ao projetar seus produtos e serviços ou seus modelos de negócios. Ora, se os clientes são o motivo da existência das empresas, é para eles que devem se voltar a comunicação e os esforços de marketing. Então, como é possível adequá-los na arquitetura e na oferta dos produtos? A resposta para essa questão é: as empresas devem analisar seus produtos pela perspectiva dos clientes, pois isso pode proporcionar a descoberta de oportunidades completamente novas.

2.1.1
Mapa da empatia

O mapa da empatia (Figura 2.1), uma ferramenta desenvolvida pela companhia de pensamento visual XPLANE Consulting[1], pode ser utilizado para a empresa se colocar no lugar do cliente (Osterwalder; Pigneur, 2011) e entender realmente quem é o seu consumidor. Adiante, trataremos dos aspectos que formam a identidade do consumidor e mostraremos conceitos úteis para a elaboração de um mapa.

---

[1] Empresa de consultoria estadunidense com sede na cidade de Portland, Oregon. Conheça mais em: <http://www.xplane.com/about>. Disponível em: 8 out. 2018.

Figura 2.1 Mapa da empatia

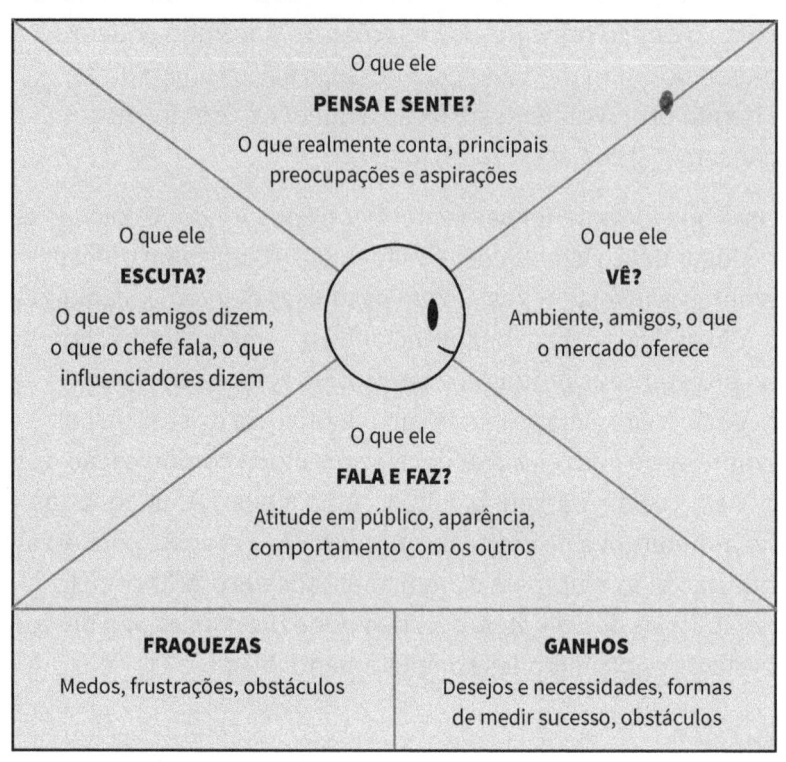

```
                    O que ele
                  PENSA E SENTE?
          O que realmente conta, principais
              preocupações e aspirações

    O que ele                          O que ele
    ESCUTA?                            VÊ?
    O que os amigos dizem,             Ambiente, amigos, o que
    o que o chefe fala, o que          o mercado oferece
    influenciadores dizem

                    O que ele
                  FALA E FAZ?
          Atitude em público, aparência,
            comportamento com os outros
```

FRAQUEZAS	GANHOS
Medos, frustrações, obstáculos	Desejos e necessidades, formas de medir sucesso, obstáculos

Fonte: Osterwalder; Pigneur, 2011, p. 130.

Como fazer um mapa da empatia? Primeiramente, deve-se produzir um mapa em papel A4, conforme o anterior, e realizar um *brainstorm*[2] para avaliar os consumidores a que a empresa pretende atender. Em seguida, é importante escolher um perfil e atribuir-lhe um nome e algumas características demográficas, como renda e estado civil. Por fim, é preciso responder aos questionamentos apresentados no Quadro 2.1, a seguir, e projetar as respostas no mapa.

---

[2] Também conhecido como *tempestade de ideias*, trata-se de uma atividade em que se reúne um grupo de pessoas para expressarem ideias sobre determinado assunto.

Quadro 2.1 Perguntas norteadoras do mapa da empatia

O QUE ELA VÊ?
DESCREVA O QUE A CLIENTE VÊ EM SEU AMBIENTE
• Como é?
• Quem está em torno dela?
• Quem são seus amigos?
• A quais tipos de ofertas ela está exposta diariamente (em oposição ao que todo o mercado oferece)?
• Quais problemas encontra?
O QUE ELA ESCUTA?
DESCREVA COMO O AMBIENTE INFLUENCIA A CLIENTE
• O que os amigos dizem? Seu marido?
• Quem realmente a influencia? Como?
• Que canais de mídias são influentes?
O QUE ELA REALMENTE PENSA E SENTE?
TENTE DESENHAR O QUE ACONTECE NA MENTE DA CLIENTE
• O que é realmente importante para ela (que talvez não diria publicamente)?
• Imagine suas emoções. O que a motiva?
• O que pode mantê-la acordada à noite?
• Tente descrever seus sonhos e desejos.
O QUE ELA DIZ E FAZ?
IMAGINE O QUE A CLIENTE PODE DIZER OU COMO SE COMPORTA EM PÚBLICO
• Qual a atitude dela?
• O que ela pode estar dizendo para outras pessoas?
• Preste atenção principalmente nos conflitos potenciais entre o que um cliente pode dizer e o que realmente pensa e sente.
QUAL A SUA DOR?
• Quais são suas maiores frustrações?
• Que obstáculos existem entre ela e o que ela quer e precisa obter?
• Quais riscos teme enfrentar?
O QUE GANHA A CLIENTE?
• O que ela realmente quer ou precisa obter?
• Como mede o sucesso?
• Pense em algumas estratégias que pode utilizar para alcançar seus objetivos.

Fonte: Osterwalder; Pigneur, 2011, p. 131.

Observe, na Figura 2.2, um modelo de mapa da empatia.

Figura 2.2 Exemplo de mapa da empatia de cliente organizacional da Microsoft

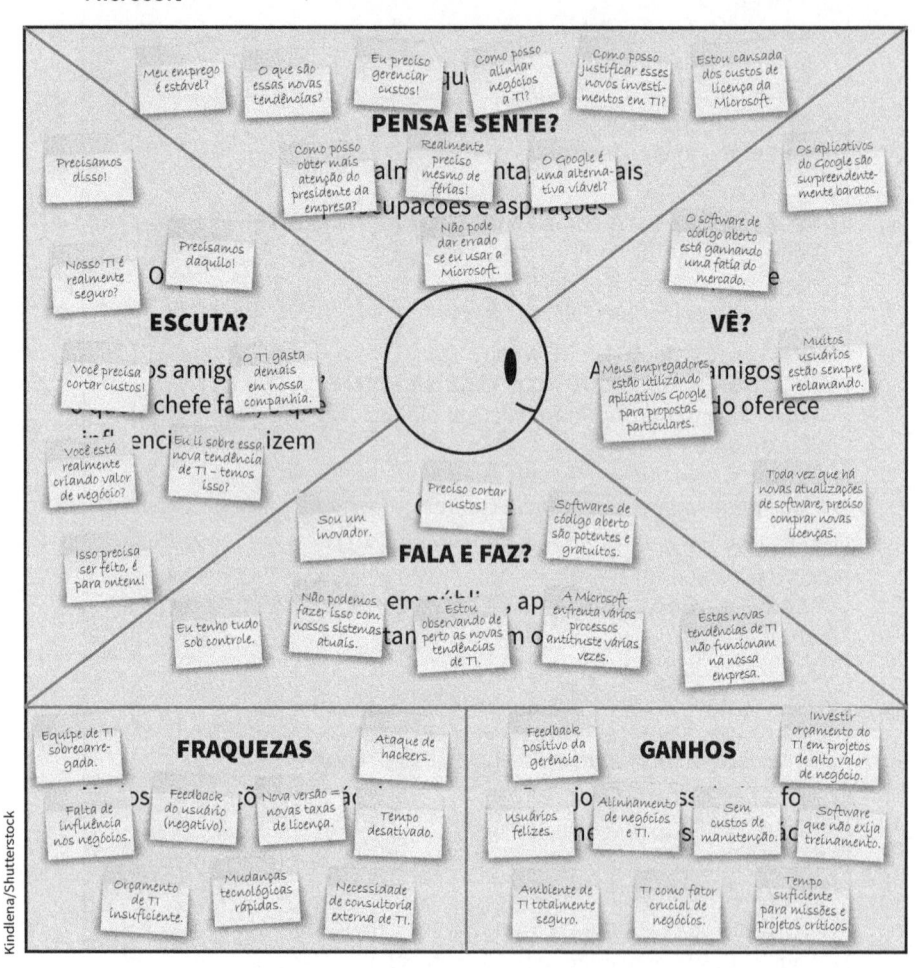

PENSA E SENTE?

- Meu emprego é estável?
- O que são essas novas tendências?
- Eu preciso gerenciar custos!
- Como posso alinhar negócios a TI?
- Como posso justificar esses novos investimentos em TI?
- Estou cansada dos custos de licença da Microsoft.
- Como posso obter mais atenção do presidente da empresa?
- Realmente preciso mesmo de férias!
- O Google é uma alternativa viável?
- Não pode dar errado se eu usar a Microsoft.

ESCUTA?

- Precisamos disso!
- Nosso TI é realmente seguro?
- Precisamos daquilo!
- Os aplicativos do Google são surpreendentemente baratos.
- O software de código aberto está ganhando uma fatia do mercado.

- Você precisa cortar custos!
- Os amigos dizem...
- O TI gasta demais em nossa companhia.
- O chefe fala...
- Você está realmente criando valor de negócio?
- Eu li sobre essa nova tendência de TI – temos isso?

VÊ?

- Meus empregadores estão utilizando aplicativos Google para propostas particulares.
- Muitos usuários estão sempre reclamando.
- Amigos... do oferece
- Toda vez que há novas atualizações de software, preciso comprar novas licenças.

FALA E FAZ?

- Sou um inovador.
- Preciso cortar custos!
- Softwares de código aberto são potentes e gratuitos.
- Isso precisa ser feito, é para ontem!
- Eu tenho tudo sob controle.
- Não podemos fazer isso com nossos sistemas atuais.
- Estou observando de perto as novas tendências de TI.
- A Microsoft enfrenta vários processos antitruste várias vezes.
- Estas novas tendências de TI não funcionam na nossa empresa.

FRAQUEZAS

- Equipe de TI sobrecarregada.
- Falta de influência nos negócios.
- Orçamento de TI insuficiente.
- Feedback do usuário (negativo).
- Mudanças tecnológicas rápidas.
- Nova versão = novas taxas de licença.
- Ataque de hackers.
- Tempo desativado.
- Necessidade de consultoria externa de TI.

GANHOS

- Feedback positivo da gerência.
- Usuários felizes.
- Alinhamento de negócios e TI.
- Ambiente de TI totalmente seguro.
- Sem custos de manutenção.
- TI como fator crucial de negócios.
- Investir orçamento do TI em projetos de alto valor de negócio.
- Software que não exija treinamento.
- Tempo suficiente para missões e projetos críticos.

Fonte: Osterwalder; Pigneur, 2011, p. 132.

Nesse preenchimento são colocados papéis autoadesivos (do tipo Post-it®) sobre as informações pedidas no mapa.

Após identificados as necessidades, os desejos e as motivações do consumidor pretendido, descobre-se que existem várias pessoas nessa mesma situação. Assim, começa-se a definir o perfil de consumidor a que a empresa pretende atender, ou seja, torna-se possível segmentar o mercado – assunto que será abordado no Capítulo 5.

Por fim, para melhor explicar o que é o consumidor e como se define o ato de consumir, precisamos esclarecer como ocorre o processo de compra.

2.2
Processo de compra

Certamente você já comprou algum produto, não é mesmo? E, mesmo sem saber, você realizou um processo, desde o momento em que identificou que precisava de algo até o instante em que adquiriu o produto/serviço desejado ou descartou essa possibilidade. Pode ter sido um processo longo, como o que envolve a compra de um carro ou de uma televisão, a assinatura de um serviço de TV a cabo ou a escolha da faculdade; ou um processo curto, como a compra de produtos diários (pão, pasta de dente, sabão em pó etc.).

Sob essa ótica, Kotler e Keller (2012) afirmam que o **processo de decisão de compra** se divide em cinco etapas:

1) reconhecimento de um problema;
2) busca de informações;
3) avaliação das alternativas;
4) decisão de compra;
5) comportamento pós-compra.

Confira, no Quadro 2.2, o que significa cada uma dessas etapas.

Quadro 2.2 Etapas do processo de decisão de compra

Reconhecimento de um problema	Quando o cliente percebe que há uma necessidade a ser satisfeita.
Busca de informações	Diante da necessidade, ele busca informações de como satisfazê-la.
Avaliação das alternativas	Depois da busca, ele encontra várias possibilidades de solução dessa necessidade.
Decisão de compra	Após a análise das alternativas, ele decide e realiza a compra.
Comportamento pós-compra	Por fim, ele avalia de que forma sua necessidade foi satisfeita, ou seja, de forma positiva ou negativa.

Fonte: Elaborado com base em Kotler; Keller, 2012, p. 179.

Agora que você já sabe que o processo de decisão de compra se inicia com o reconhecimento do problema ou de uma necessidade, considere o exemplo a seguir. Você olha em seu armário da cozinha e nota que o arroz está acabando. Então, busca informações sobre os tipos de arroz, os tamanhos de embalagens, onde comprar etc. Com essas várias informações, você pode avaliar suas alternativas e realizar a compra. Após todas essas etapas, você reflete sobre o resultado do processo, ou seja, analisa se ficou ou não satisfeito com a compra.

A mídia tem um papel importante nesse processo. No caso do rádio, por exemplo, a participação pode ocorrer na etapa de reconhecimento das necessidades, ou seja, o ouvinte escuta um anúncio de determinado produto e sente vontade de consumi-lo.

Por fim, devemos deixar claro que o consumidor recebe influências de variados fatores no momento de decisão de compra: culturais, sociais, pessoais e psicológicos, os quais abordaremos de forma aprofundada no Capítulo 5. Contudo, neste momento, convém apresentar algumas informações sobre tais fatores, com base em Kotler e Keller (2012):

- **Fatores culturais**: Referem-se à cultura local em que o consumidor está inserido. Há produtos que não são ofertados da mesma forma em todas as regiões do país; o consumo de bebidas quentes, por exemplo, é maior em locais mais frios. Também são levados em consideração as crenças e os valores compartilhados em uma região, a exemplo de festas juninas e julinas no Nordeste.
- **Fatores sociais**: Dizem respeito aos grupos de referência, como a família, e aos papéis sociais dos consumidores. Por exemplo, executivos empresariais e advogados são grandes compradores de ternos e outras roupas sociais.
- **Fatores pessoais**: São relativos ao estágio de vida do consumidor, levando-se em conta aspectos como idade, ocupação, estilo de vida e personalidade. Por exemplo, se uma pessoa se considera atleta, a maneira como ela consome certamente será pautada por essa visão de si mesma.
- **Fatores psicológicos**: Dizem respeito a percepção, crenças, estilos de aprendizagem e atitudes dos consumidores. Por exemplo, se uma pessoa tem 50 anos, porém sente-se bem mais nova, ela provavelmente adquirirá produtos voltados para uma faixa etária mais jovem.

Acompanhe, na Figura 2.3, como esses fatores se integram no processo de compra, conforme o modelo proposto por Blackwell, Miniard e Engel (2000).

Figura 2.3 Processo de decisão de compra proposto por Blackwell, Miniard e Engel (2000)

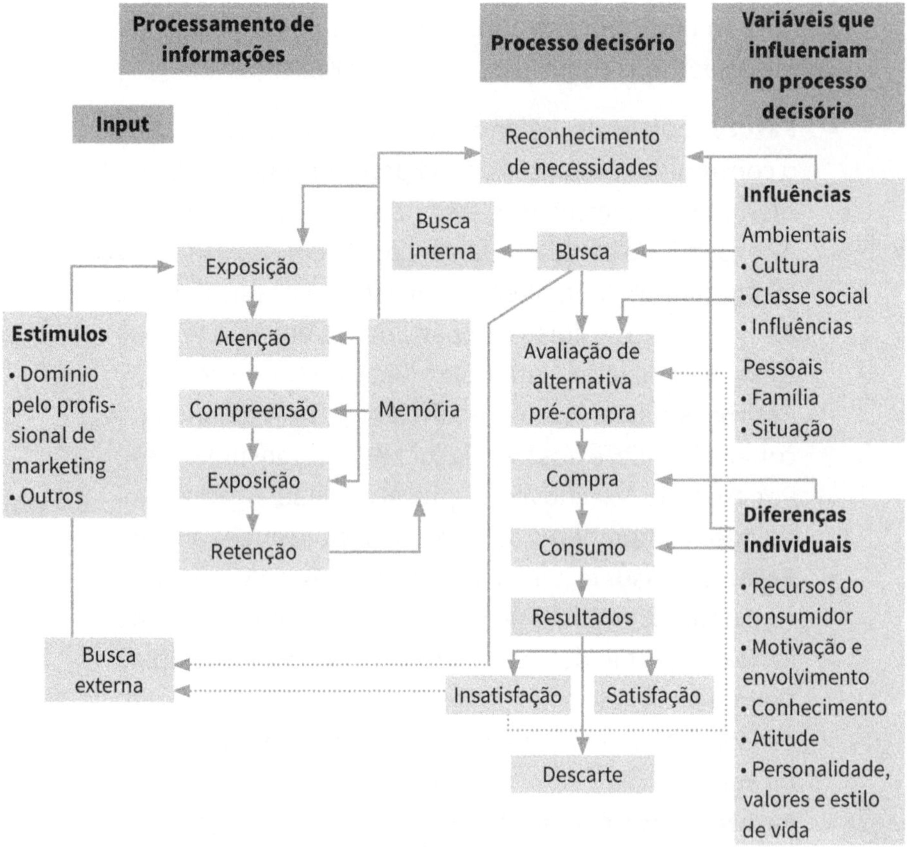

Processamento de informações	Processo decisório	Variáveis que influenciam no processo decisório

Input

Estímulos
- Domínio pelo profissional de marketing
- Outros

Exposição → Atenção → Compreensão → Exposição → Retenção

Busca externa

Reconhecimento de necessidades → Busca interna / Busca → Avaliação de alternativa pré-compra → Compra → Consumo → Resultados → Insatisfação / Satisfação → Descarte

Memória

Influências Ambientais
- Cultura
- Classe social
- Influências Pessoais
- Família
- Situação

Diferenças individuais
- Recursos do consumidor
- Motivação e envolvimento
- Conhecimento
- Atitude
- Personalidade, valores e estilo de vida

Fonte: Blackwell; Miniard; Engel, 2000, p. 101.

Ao analisar a Figura 2.3, percebemos que o processo de compra se inicia quando o consumidor reconhece alguma necessidade e se estende até seu comportamento pós-consumo. Essa identificação – de que algo precisa ser consumido – pode advir de um estímulo externo de marketing, por meio do qual uma empresa expõe seus produtos e provoca nos clientes uma memória sobre o consumo deles.

Quando o consumidor está, de fato, na busca de informações, ele leva em conta fatores culturais, econômicos, pessoais e familiares. Por exemplo, se ele é casado e tem dois filhos, provavelmente escolherá um carro maior para o conforto de toda a família, e isso se refletirá quando ele avaliar as alternativas de que dispõe, ou seja, quais aspectos tomará em consideração para adquirir o produto. No caso de um carro, tais aspectos podem estar relacionados a *status* ou a valores de manutenção, impostos, seguro, combustível etc.

Assim, ao se analisar o processo de compra, é necessário compreender os papéis desempenhados pelo consumidor, seja naquelas compras simples, seja nas mais complexas, as quais têm mais valor agregado.

2.3 Papéis de compra

De início, havia poucos fornecedores e poucas opções de compra. Porém, com o desenvolvimento dos mercados (de mercado de compradores para mercado de consumidores), esse cenário se redirecionou para uma ampla comercialização com diversos concorrentes, isto é, agora o consumidor tem direito de escolha.

Isso teve reflexos na ampliação de vários estudos e ferramentas de marketing. Um desses estudos, segundo Kotler e Keller (2012), considera os papéis dos consumidores em um processo de compra.

Na seção anterior, explicitamos as etapas do processo de compra: reconhecimento da necessidade, busca de informações, avaliação de alternativas, decisão de compra, avaliação pós-compra e despojamento.

Nesta seção, analisaremos os papéis de compra – iniciador, influenciador, decisor, comprador e usuário –, com base em Karsaklian (2004), Kotler e Keller (2012) e Churchill Junior e Peter (2006):

- **Iniciador**: Agente que inicia o processo de compra. Por exemplo, o governo, ao sancionar uma lei que estabelece a obrigatoriedade da utilização de cadeirinhas infantis por crianças.
- **Influenciador**: Agente que influencia a compra, ou seja, tem poder de orientação. Por exemplo, o vendedor de cadeirinha infantil, cujo isso se tornou obrigatório em virtude da lei sancionada pelo governo.
- **Decisor**: Agente que realmente decide a compra, ou seja, autoriza-a. Por exemplo, uma mãe que precisa comprar a cadeirinha para a criança.
- **Comprador**: Agente que realiza a compra, fecha o negócio. Por exemplo, os pais da criança.
- **Usuário**: Quem, de fato, faz uso do produto. Por exemplo, a criança.

Assim, ao conhecer os papéis de compra, a empresa pode identificar como ocorre o processo de compra de seus produtos e como os envolvidos se comportam na ordem do consumo.

Observe, na Figura 2.4, como esse processo e os papéis de compra podem ser utilizados em conjunto para a análise do consumo de bens ou serviços.

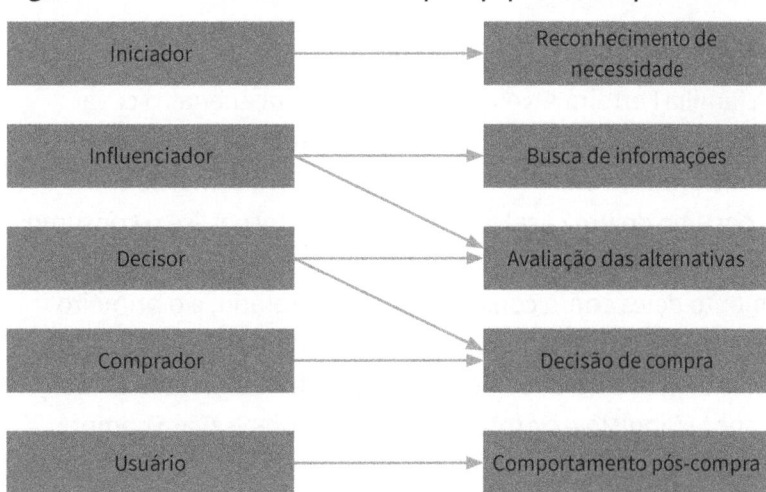

Figura 2.4 Processo de decisão de compra e papéis de compra

Papéis	Etapas
Iniciador	Reconhecimento de necessidade
Influenciador	Busca de informações
Decisor	Avaliação das alternativas
Comprador	Decisão de compra
Usuário	Comportamento pós-compra

Fonte: Elaborado com base em Karsaklian, 2004; Kotler; Keller, 2012; Churchill Junior; Peter, 2006.

Toda compra se inicia quando o consumidor reconhece uma demanda. Essa consideração pode ser originada, por exemplo, de alguma lei, bem como de uma necessidade ou de anúncios em veículos de comunicação ou redes sociais.

Se um consumidor entende que precisa de algo, ele vai em busca de informações. O influenciador é responsável por indicar as opções disponíveis, além de conferir suporte na escolha das alternativas oriundas dessa busca.

Depois disso, o consumidor escolhe o que será adquirido e, de fato, compra o produto. Uma vez que a aquisição é consumada, entra em cena o comportamento pós-compra do usuário – quem consome o produto. Vamos analisar essa questão na prática no "Estudo de caso" deste capítulo.

Estudo de caso

O carro da família Ferreira Alves

A família Ferreira Alves cresceu. Antes, era apenas o casal Dionísio e Doroteia, mas, com o nascimento do pequeno Otávio, a vida da família mudou. O que era somente o consumo de um casal jovem sem filhos tornou-se o consumo de um casal com um filho pequeno. Com isso, o comportamento deles como consumidores foi alterado, e o primeiro passo foi promover algumas mudanças na residência; entre elas o quarto do bebê. Uma vez que a família estava aumentando, Dionísio e Doroteia sabiam que precisavam comprar um carro novo.

Então, o casal fez uma pesquisa na internet sobre os modelos de carros mais indicados para quem tem filho pequeno, priorizando aspectos como conforto e, principalmente, segurança. Eles foram a diversas concessionárias para observar de perto os modelos. Doroteia queria um carro bem espaçoso e com um grande porta-malas, para que as viagens fossem confortáveis. Por isso, ela escolheu um veículo SUV, que, em inglês, significa *Sport Utility Vehicle* – um carro grande, espaçoso e que se locomove bem tanto na cidade quanto no campo.

Meses se passaram após a compra do veículo. Doroteia e Dionísio estavam contando ao Vovô Reginaldo a alegria de ter comprado o carro, pois o veículo era extremamente seguro e confortável. Lembraram-se de uma viagem que haviam feito para visitar a Vovó Maria, no interior de Goiás, e observaram como o carro antigo apresentava sérios problemas. Seria impossível continuar com o mesmo veículo após a chegada de Otávio à família. Contaram, inclusive, que o carro era tão confortável que o menino conseguiu dormir percorridos os primeiros três quilômetros de viagem. O vovô ficou tão entusiasmado com os relatos que resolveu também comprar um automóvel do mesmo modelo.

Essa história é um excelente exemplo de como os papéis de que tratamos na Seção 2.3 se apresentam no processo de decisão de compra. Ela contém um agente iniciador (o nascimento de Otávio), influenciadores (os *sites* de pesquisa, os vendedores das concessionárias etc.) e um decisor (Doroteia, pois ela escolheu o modelo), sendo que os usuários são toda a família.

Síntese

Neste capítulo, explicamos o que se entende por consumidor nos dias atuais, bem como os diversos fatores que influenciam o processo de compra. Esclarecemos que o cliente não necessariamente é o consumidor, ou seja, nem sempre quem faz a compra utiliza o produto/serviço adquirido.

Por isso, as empresas precisam compreender como se dá o processo de compra e quais são os papéis assumidos pelos clientes quando da aquisição de um produto. Logo, para ofertar produtos e serviços, faz-se necessário entender o mercado, que, atualmente, foca as necessidades dos clientes. E, conforme explicitamos, uma forma de captar os desejos deles é utilizar o mapa da empatia.

Dessa maneira, analisamos como as mudanças do mercado impactaram e formaram o consumidor. No próximo capítulo, versaremos mais sobre o que se entende por consumo.

Questões para revisão

1) Quanto ao processo de decisão de compra, marque V nas afirmativas verdadeiras e F nas falsas.
   ( ) Uma das etapas é levantar as alternativas.
   ( ) É necessário que haja um comprador.
   ( ) A etapa de comportamento pós-compra é descartável.
   ( ) O processo se inicia com o reconhecimento de um problema.

   Assinale a alternativa que corresponde à sequência correta:
   a) V, V, V, V.
   b) V, F, V, V.
   c) V, V, F, V.
   d) F, F, V, V.
   e) F, F, F, V.

2) Um consumidor satisfeito, após avaliar o resultado de seu processo decisório, entrou em contato com a rádio Bom Dia, de Osasco, SP, para relatar o quanto estava feliz com o produto que havia adquirido, pois, antes de ouvir o anúncio, ele estava com dúvidas. Ele acrescentou que, se não tivesse escutado tal anúncio, nunca teria comprado o produto, pois não sabia como ele poderia lhe ser importante. Nessa situação, o papel da rádio na compra foi de:
   a) iniciador.
   b) influenciador.
   c) decisor.
   d) comprador.
   e) usuário.

3) Um dos papéis de compra refere-se ao uso do produto feito pelo consumidor. Assim, após o processo de compra, ele pode expor se suas expectativas iniciais foram ou não atendidas. Nesse caso, esse papel é de:
   a) iniciador.
   b) influenciador.
   c) decisor.
   d) comprador.
   e) usuário.

4) No processo de compra, o consumidor assume todos os papéis possíveis ou, então, apenas papéis pontuais, como o de realizar o ato de aquisição de um produto ou serviço. Neste capítulo, discutimos que esses papéis de compra têm um início. Descreva, portanto, como se configura o primeiro papel do processo.

5) Sabemos que não necessariamente um comprador, ou seja, um cliente, será o consumidor final do produto adquirido. Nesse sentido, explique as diferenças entre cliente e consumidor.

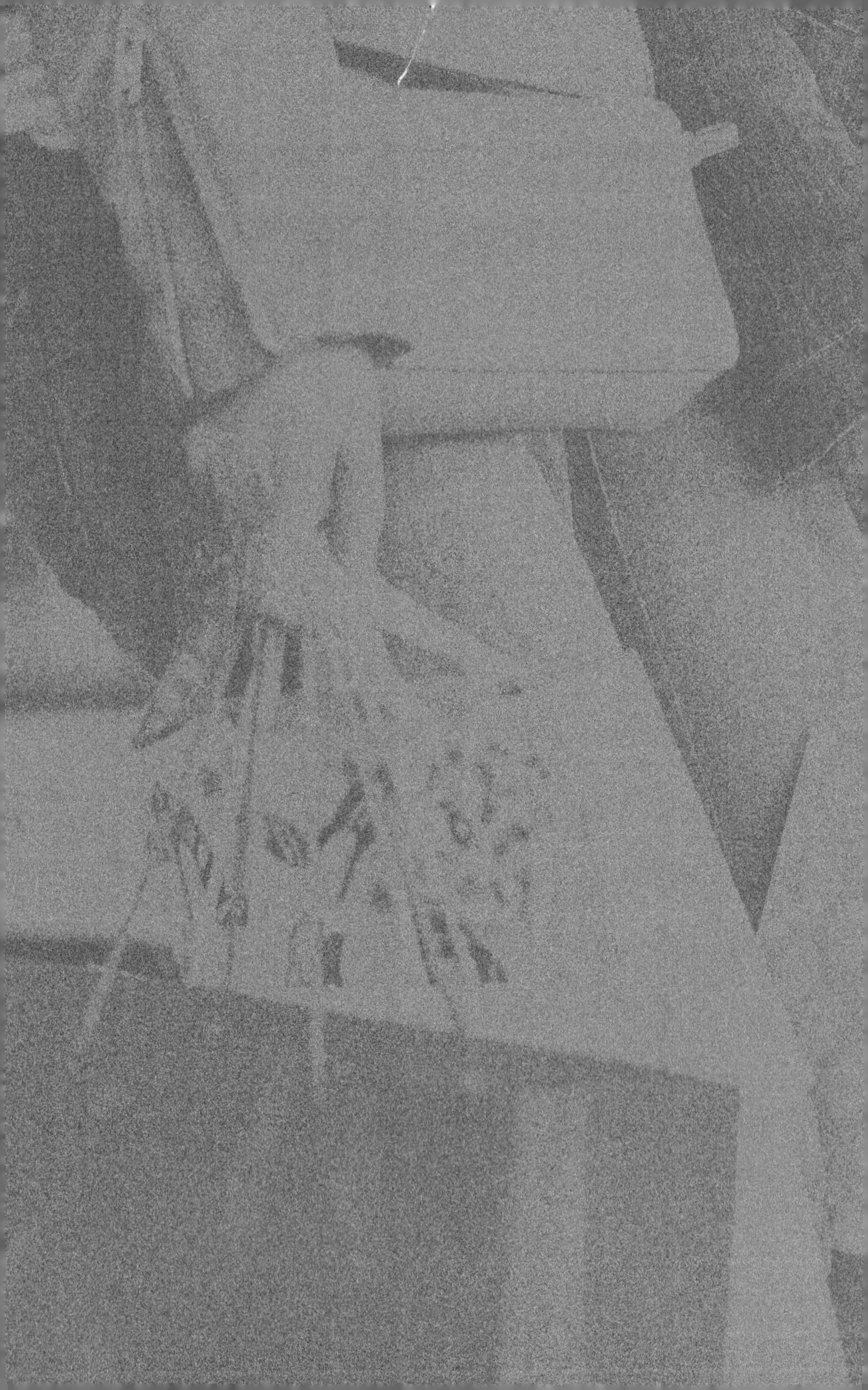

3
Consumo e comunicação

Conteúdos do capítulo:

- Por que consumimos.
- Mudança de mercado de compradores para mercado de consumidores.
- Diferenças entre consumo de bens tangíveis e de bens intangíveis.
- Importância da marca.
- O processo de comunicação e seu impacto no consumo.

Após o estudo deste capítulo, você será capaz de:

1. identificar o que subjaz ao consumo;
2. descrever a lógica do consumo de bens e serviços;
3. assimilar o papel da marca no consumo;
4. utilizar os conceitos do processo de comunicação para estimular o consumo.

No capítulo anterior, explicamos a diferença entre consumidor e comprador. Mostramos, também, como se analisam o processo de compra e os papéis que os consumidores nele desempenham. Chegou, então, o momento de questionar: Afinal, por que consumimos?

A resposta "porque necessitamos" pode ser eficaz, mas é um tanto simplista; e, não podemos nos iludir. Ao longo dos anos, o mercado foi se desenvolvendo e ficando cada vez mais complexo. O motivo que nos leva ao consumo não é tão simples, porém seu núcleo é, de fato, a necessidade, a qual se manifesta de diferentes formas. Para discorrermos sobre esse assunto, abordaremos a hierarquia de necessidades proposta por Abraham Maslow (1908-1970) e, ao entendê-la, poderemos discutir o papel das marcas e da comunicação.

3.1
Por que consumimos?

Para responder por que consumimos, é necessário explicitar o que é o consumo. Para isso, observe a definição da palavra *consumo* presente na versão *on-line* do dicionário Michaelis:

> 1. Ato ou efeito de consumir; despesa, dispêndio, consumação, gasto.
> 2. Quantidade ou volume daquilo tudo que se utiliza (serviços, combustível, produtos em geral); total gasto, usado ou consumido.
> 3. Uso que se faz de bens e serviços produzidos; utilização.
> 4. Processo de ingerir comida ou bebida; ingestão.
> 5. COM Venda de mercadorias.
> 6. ECON Função da vida econômica que consiste na utilização direta, pela produção, das riquezas produzidas. (Consumo, 2018)

Vamos nos ater à terceira acepção: o "Uso que se faz de bens e serviços produzidos". Consumir é, portanto, fazer uso de algo. Essa utilização pode ocorrer de diferentes formas e por diversos motivos. É preciso compreender esse empenho do consumidor para vislumbrar a lógica que sustenta essa prática.

Será que utilizamos as coisas da mesma forma? Compramos produtos pelos mesmos motivos? O processo de comunicação e a marca têm papel no ato de consumir? Bem, de modo geral, **consumimos porque precisamos consumir**. O consumo é a mola mestra da economia do mercado, o fundamento da lógica de produtores e consumidores.

Entretanto, para além do fato de que consumimos porque precisamos, há diversos fatores motivacionais para o hábito de adquirir algo. Neste ponto de nossa conversa, recorreremos a Maslow, primeiramente, por meio de Robbins (2002), que apresenta a hierarquia de necessidades de Maslow como podemos observar no Quadro 3.1.

Quadro 3.1 Hierarquia de necessidades de Maslow, por Robbins (2002)

Fisiológicas	Necessidades básicas de sobrevivência. Inclui fome, sede, abrigo, sexo etc.
Segurança	Necessidades de estabilidade e segurança. Inclui segurança e proteção contra danos físicos e emocionais.
Sociais/Pertencimento	Necessidades de participação social. Inclui afeição, aceitação, amizade e sensação de pertencer a um grupo.
Estima/Egocentrismo	Necessidades de respeito a si mesmo. Abrange fatores internos de estima, incluindo respeito próprio, realização e autonomia, além de fatores externos, como *status*, reconhecimento e atenção.
Autorrealização	Necessidades que surgem após a satisfação de todas as outras. Refere-se à intenção de se tornar o que se é capaz de ser. Inclui crescimento, autodesenvolvimento e alcance do próprio potencial.

Fonte: Elaborado com base em Robbins, 2002.

Agora, vamos cruzar esse quadro com a adaptação/exemplificação dada por Solomon (2016), exposta na Figura 3.1.

Figura 3.1 Hierarquia de necessidades de Maslow, por Solomon (2016)

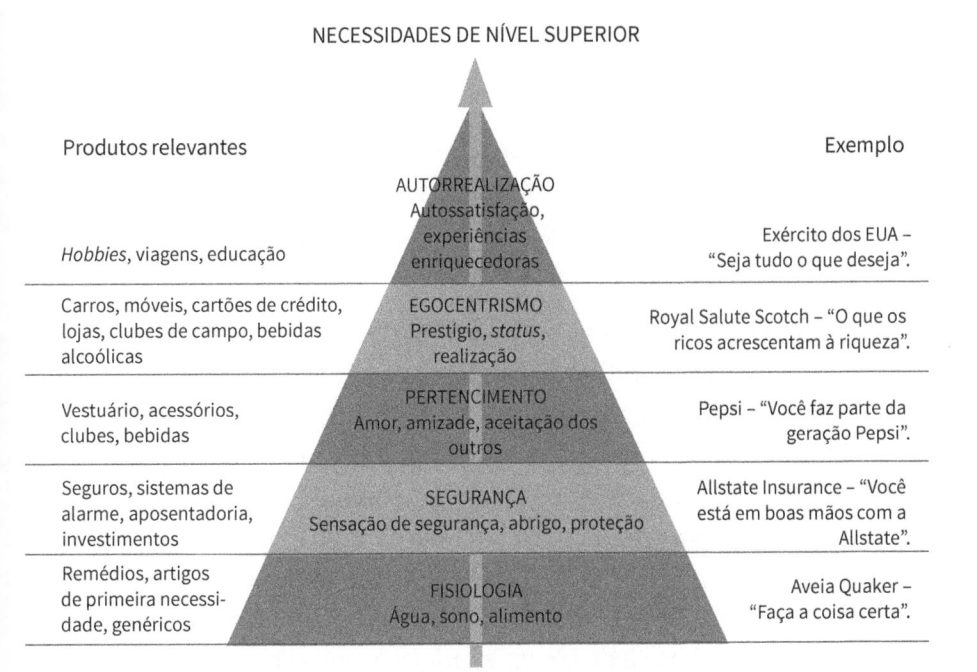

NECESSIDADES DE NÍVEL SUPERIOR

Produtos relevantes		Exemplo
Hobbies, viagens, educação	AUTORREALIZAÇÃO Autossatisfação, experiências enriquecedoras	Exército dos EUA – "Seja tudo o que deseja".
Carros, móveis, cartões de crédito, lojas, clubes de campo, bebidas alcoólicas	EGOCENTRISMO Prestígio, *status*, realização	Royal Salute Scotch – "O que os ricos acrescentam à riqueza".
Vestuário, acessórios, clubes, bebidas	PERTENCIMENTO Amor, amizade, aceitação dos outros	Pepsi – "Você faz parte da geração Pepsi".
Seguros, sistemas de alarme, aposentadoria, investimentos	SEGURANÇA Sensação de segurança, abrigo, proteção	Allstate Insurance – "Você está em boas mãos com a Allstate".
Remédios, artigos de primeira necessidade, genéricos	FISIOLOGIA Água, sono, alimento	Aveia Quaker – "Faça a coisa certa".

NECESSIDADES DE NÍVEL INFERIOR

Fonte: Solomon, 2016, p. 22.

Segundo a teoria de Maslow, o consumo pode ser analisado de acordo com as necessidades dos clientes e a motivação para suas compras. Essa hierarquia se apresenta como uma pirâmide, em que o nível básico refere-se às necessidades básicas. À medida que satisfaz tais demandas, o consumidor vai desenvolvendo e ampliando suas necessidades, chegando ao que Maslow denomina *autorrealização*, representada no topo da figura (Robbins, 2002).

Desse modo, pode-se assumir que o consumo é pautado por essas necessidades. Por exemplo, o consumo de papel higiênico e a alimentação são necessidades básicas. Porém, a alimentação, a depender das circunstâncias, pode estar relacionada a uma questão social, e o consumo, nesse caso, está atrelado ao grupo social ao qual o consumidor pertence.

Façamos um paralelo entre a hierarquia de necessidades proposta por Maslow e o modelo de comportamento do consumidor elaborado por Kotler e Keller (2012), presente na Figura 3.2.

Nessa figura, observamos que o marketing tem o papel de estimular o consumidor, seja iniciando o consumo, seja influenciando a compra. Ainda, ao reconhecer uma necessidade, o consumidor recebe estímulos mercadológicos para adquirir um produto ou serviço. Há também outros tipos de estímulos, como políticos, tecnológicos, culturais e econômicos, e é aqui que parece plausível articular a proposta de Maslow. Considere a seguinte situação: uma pessoa tem uma necessidade básica de ir e vir e, por isso, andar de ônibus pode satisfazê-la. Porém, de acordo com sua condição financeira, ela tem a possibilidade de adquirir um carro, para se sentir mais segura, chegar mais rapidamente a determinados locais etc. Além disso, ela pode optar pela aquisição de um carro do mesmo modelo/*status* escolhido por seus amigos. Essa escolha passa pela psicologia do consumidor.

Assim, além de desejar sanar suas necessidades, o consumidor pode ter seu consumo mediado por seu nível econômico e pelo meio social em que vive. Esse ato também pode ocorrer pela intenção de se presentear, ou seja, de adquirir um produto como pretexto para aumentar a autoestima. Já mencionamos que, quando uma pessoa adquire uma Ferrari, ela não o faz apenas para saciar suas necessidades de locomoção.

Figura 3.2 Modelo de comportamento do consumidor

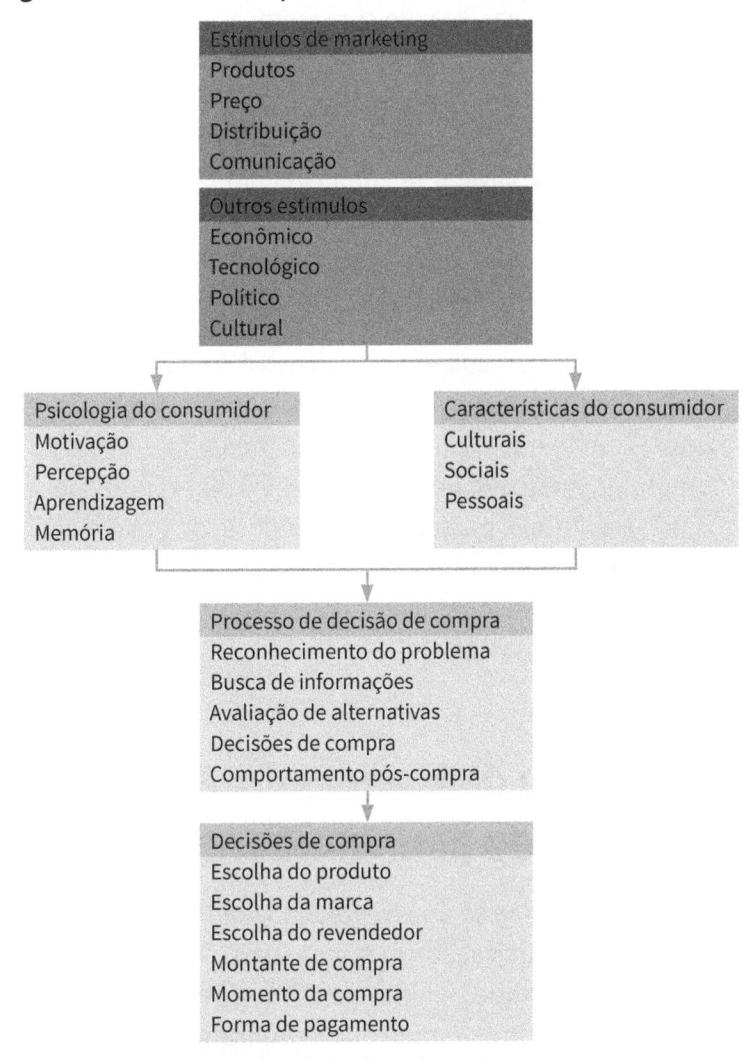

Estímulos de marketing
Produtos
Preço
Distribuição
Comunicação

Outros estímulos
Econômico
Tecnológico
Político
Cultural

Psicologia do consumidor
Motivação
Percepção
Aprendizagem
Memória

Características do consumidor
Culturais
Sociais
Pessoais

Processo de decisão de compra
Reconhecimento do problema
Busca de informações
Avaliação de alternativas
Decisões de compra
Comportamento pós-compra

Decisões de compra
Escolha do produto
Escolha da marca
Escolha do revendedor
Montante de compra
Momento da compra
Forma de pagamento

Fonte: Kotler; Keller, 2012, p. 172.

Dessa forma, as empresas devem estar antenadas às possíveis classificações de seus produtos, ou seja, precisam entender, de fato, qual valor – não no sentido monetário – estão oferecendo ao mercado. A comunicação com esse mercado consumidor deve levar isso em consideração. E não podemos esquecer que esse cenário é reflexo da contemporaneidade, fruto das revoluções industriais e da chancela do capitalismo como sistema hegemônico de mercado, pois, infelizmente, uma pessoa muitas vezes é reconhecida por suas posses, e não por seu caráter. Isso pode levá-la a consumir mais do que seu patrimônio permite, apenas para aparentar ser algo que, de fato, não é (retornaremos esse assunto adiante).

O panorama atual é resultado do desenvolvimento do mercado. Com mais empresas ofertando os mesmos produtos – mediante a concorrência de mercado –, deixamos de compor um mercado de compradores (comprando apenas o que era existente) e passamos a fazer parte de um mercado realmente consumidor (no qual se criam necessidades). Afinal, quase tudo pode ser comercializado. Estamos nos tempos da customização em massa.

3.2
De mercado de compradores a mercado de consumidores

Para relatarmos como se deu a evolução do marketing de massa para a customização em massa, precisamos, primeiramente, explicar o que significa marketing de massa. Para isso, recorremos a um exemplo que já utilizamos: o Ford-T. O modelo de veículo proposto por Henry Ford foi um exemplo de **marketing de massa**, feito para todo o mercado, desconsiderando-se as necessidades e os desejos específicos de cada segmento, ou seja, sem considerar que pessoas de diferentes regiões, faixas etárias, estilos de vida, sexos, etnias, entre outros segmentos, poderiam ter anseios distintos.

À época do lançamento do veículo, a comunicação de marketing era única. Imagine que os mesmos anúncios eram divulgados em várias rádios e sem se levar em conta o perfil dos ouvintes – era como vender um produto para um público mais jovem em uma rádio com perfil de ouvinte mais velho. Mas, segundo Kotler e Keller (2012), essa era a única opção.

A ideia do marketing de massa é concomitante ao início da industrialização de mercado. Já mencionamos que o mercado é composto de um conjunto de compradores e vendedores e de um sistema econômico baseado na lei da oferta e da procura, em que produtos e serviços são comercializados por aqueles que têm bens e serviços para ofertar (vendedores) e por quem procura satisfazer suas necessidades ou desejos (compradores). Esse mercado, de início, não apresentava tantas empresas quanto nos tempos atuais – em muitos casos, eram mercados únicos.

Perguntas & respostas

Como se divide o mercado em sua concorrência?

Segundo Yanaze (2007), com relação à concorrência, os mercados podem ser classificados como: (i) **monopólio** – apenas uma empresa detém a produção e a oferta de um produto ou serviço; (ii) **oligopólio** – um pequeno avanço pós-monopólio, porém caracterizado pelo predomínio mercadológico de apenas algumas empresas; ou (iii) **concorrência**

perfeita – divisão que rende maior ganho aos consumidores, a qual ocorre quando diversas empresas competem entre si com o mesmo produto ou serviço.

Vale ressaltar que, quando há monopólio ou oligopólio, os consumidores não têm tantas opções para o consumo. Talvez você tenha vivido a época de monopólio da telefonia no Brasil ou conheça alguém que a viveu. Para consumir tal serviço, era preciso despender um grande esforço financeiro. Além disso, o serviço demorava muito tempo para ser instalado e, como nem todos os consumidores tinham poder de compra, sua utilização podia ser comprometida. Na década de 1990, houve a privatização da telefonia, e, atualmente, uma grande parcela da população tem acesso a esse produto/serviço, e o preço de aquisição é bem inferior ao que era aplicado antes da privatização.

Para atender à necessidade de comunicação, hoje dispomos de aparelhos celulares com internet, os chamados *smartphones*, cujo preço varia de R$ 500,00 a R$ 7.000,00. Assim, cabe refletirmos: Uma pessoa que adquire um *smartphone* de R$ 7.000,00 o faz pelo mesmo motivo de quem compra um aparelho de R$ 500,00? Qual é a verdadeira intenção desses consumidores? Como a comunicação para sensibilizar à compra se manifesta? Certamente, de forma diferente, não é mesmo?

Assim, a partir das revoluções que possibilitaram o crescimento dos meios de produção e da oferta de produtos ao mercado, a **lei da oferta e da procura** se inverteu, e quem passou a ter poder foi o consumidor, fato que inscreveu novas regras no mercado. Em outras palavras, o consumidor compra somente quando suas necessidades e seus desejos parecem ser satisfeitos por determinada oferta de produtos e serviços. No contexto atual, quem dita as regras é o consumidor, o que leva as empresas a realizar pesquisas para atender às especificidades dos possíveis compradores, a fim de conquistá-los (Kotler; Keller, 2012; Churchill Junior; Peter, 2006).

Nesse cenário, passamos de um **marketing de massa**, feito para todos, para um **marketing de massa customizado**, diretamente voltado a perfis específicos de clientes. De acordo com Vidor, Medeiros e Fogliatto (2014, p. 911-912), a customização em massa é

> uma estratégia que permite ofertar produtos e serviços com grau de variedade que atenda às necessidades do cliente e apresente custos similares aos dos itens produzidos em massa. A oferta de variedade garante que a empresa seja capaz de atender aos requisitos de personalização, o primeiro elemento do binômio customização/massa. Os custos similares aos da produção em massa garantem que a empresa atenda ao segundo elemento: o da produção a um custo que racionalize a operação de manufatura e a prestação do serviço.

As empresas que seguem a estratégia de customização em massa são aquelas que entendem as necessidades de diversos segmentos de clientes e conseguem adaptar seus produtos para atendê-los (Kotler; Keller, 2012). Imagine uma loja virtual de roupas em que o cliente pode escolher desde a costura do bolso até os botões. A matéria-prima é a mesma para todas as lojas virtuais de roupas, porém, nessa loja em específico, o consumidor pode personalizar seu produto, isto é, deixá-lo "com a sua cara".

Assim, surge a preocupação em entregar o produto certo para o cliente certo e na hora certa. Um exemplo bem interessante dessa preocupação é o marketing político, que produz *spots*[1] para serem veiculados nas rádios. Geralmente, os candidatos fazem *jingles*[2] genéricos – utilizando, muitas vezes, como trilha sonora ou *background* músicas de determinados estilos (por exemplo, *rock and roll*) – e os veiculam em rádios que têm como público-alvo ouvintes de música sertaneja – esse é o marketing de massa. Por outro lado, se o candidato fizer *jingles* específicos por gêneros musicais e distribuí-los às rádios considerando aquilo que elas tocam, estará fazendo uma customização em massa.

Para identificar melhor as situações de mercado em que as empresas agregam valor, frisamos que as necessidades e os desejos dos consumidores são os propulsores para a geração de ofertas que lhes satisfaçam. Para a satisfação de tais anseios, as empresas devem recorrer a certas ferramentas, como os 4Ps, que abordamos no Capítulo 1. É preciso criar condições adequadas para que ocorra demanda, certo? Assim, os 4Ps (produto, preço, praça e promoção) devem ser ajustados para atender a determinada demanda do mercado, e o marketing de relacionamento é uma excelente ferramenta para que a empresa compreenda seu consumidor.

Quando pensamos em estratégias competitivas, o marketing de relacionamento pode ser considerado um dos mais importantes temas da atualidade, pois aproxima "as empresas de seus clientes [...] para suprir suas necessidades por meio de

---

1 Anúncios de rádio.

2 Propagandas cantadas. Para entender melhor esse conceito, acesse o *link* a seguir e acompanhe o *jingle* que fez parte de uma das mais famosas propagandas do McDonald's, sobre o sanduíche Big Mac. Disponível em: <https://www.youtube.com/watch?v=Am3Iojvw08Q>. Acesso em: 8 out. 2018.

produtos com valor agregado" (Alves; Barbosa; Rolon, citados por Silva; Machado; Melo, 2016, p. 5). Assim, as empresas se diferenciam umas das outras ao ofertar produtos personalizados e até customizados, ou seja, feitos para segmentos específicos. A ferramenta para isso é o Customer Relationship Management (CRM), que alinha a filosofia do bem atender a *softwares* de informações e análises (Alves; Monfort; Rolon, 2014).

No final dos anos 1980, a ideia de desenvolver um relacionamento de longo prazo com os consumidores foi um dos conceitos mais discutidos no departamento de marketing das empresas, pois o cliente se tornou o centro das atenções. Apesar de ter se desenvolvido a partir da década de 1970, o conceito de marketing de relacionamento passou a ser um dos mais discutidos na área somente nos anos 1990 (Gummesson, 1999; Kotler; Keller, 2012; Alves; Monfort; Rolon, 2014).

Como resultado da evolução do marketing ao longo dos anos, conforme Kotler e Keller (2012), o valor percebido pelo consumidor pode ser resumido da seguinte forma:

VALOR = BENEFÍCIOS – CUSTOS

Para o consumidor, o valor do produto (sentimental, psicológico ou satisfatório, por exemplo) pode ser evidenciado pelos benefícios que ele oferece, reduzindo o custo monetário que o cliente se dispõe a pagar por ele.

Destarte, saímos de um mercado do escambo, passamos por um mercado comprador e chegamos a um mercado que, de certa forma, é consciente de seu consumo e das necessidades a serem atendidas.

3.3
Consumo de bens tangíveis e de bens intangíveis

O que diferencia o que é tangível do que é intangível? Bem, essa é fácil: tangível se refere a tudo o que podemos tocar, como um aparelho televisor; e intangível, ao contrário, representa o que não é palpável, como um *website*. Mas será que uma pessoa consome bens tangíveis e intangíveis pelos mesmos motivos?

Uma empresa precisa entender todos os elementos relacionados à concepção dos produtos e serviços que pretende oferecer, como tecnologias envolvidas, reputação da marca, rótulo, aspecto físico e capacidade de pós-atendimento. Logo, um bem é não apenas algo que consumimos, mas também o que o consumo desse bem representa para nós (Costa, 1987; Kotler; Keller, 2012).

De acordo com Philip Kotler e Kevin Keller (2012), há cinco níveis de benefícios que os consumidores – de forma consciente ou não – esperam encontrar num produto para lhe atribuir valor. Por isso, é importante que, ao planejar a oferta de um produto ou serviço para o mercado, a empresa considere o que chamamos de *níveis de produto*. Cada um deles obedece a diferentes critérios de satisfação e apresenta características distintivas.

Conforme exposto no Quadro 3.2, esses **níveis de produto** se relacionam às seguintes etapas: benefício central, produto básico, produto esperado, produto ampliado e produto potencial.

Quadro 3.2 Níveis de produto

Benefício central	Refere-se à utilidade real e específica do produto. Corresponde, portanto, ao serviço ou benefício fundamental que o cliente está realmente adquirindo. Exemplo: um cliente com fome que vai a um restaurante para comer, isto é, comprar alimento.
Produto básico	Diz respeito ao benefício central acrescido de características físicas. Exemplo: um restaurante que tem banheiro, mesa, cadeiras e cozinha.
Produto esperado	Representa as condições mais básicas ou esperadas em um produto – quando se compra um liquidificador, por exemplo, a expectativa primeira é que ele funcione adequadamente. Nesse sentido, há uma série de atributos e condições que o comprador normalmente deseja encontrar ao adquirir determinado produto. Exemplo: o cliente do restaurante espera mesa arrumada, cadeiras firmes e limpas, lâmpadas que funcionem, ar-condicionado eficiente e tranquilidade para sua refeição.
Produto ampliado	Significa a superação das expectativas do cliente. Esse nível geralmente é aplicado no posicionamento da marca. Se os benefícios e as vantagens excedem as expectativas do cliente, rapidamente os chamados *benefícios ampliados* se tornam benefícios esperados. Exemplo: o restaurante oferece rádios e fones de ouvido aos clientes para que ouçam sua rádio favorita enquanto realizam suas refeições.
Produto potencial	É nessa esfera que as empresas procuram novas maneiras de satisfazer e encantar os clientes e diferenciar suas ofertas. Exemplo 1: o restaurante oferece um cardápio diferenciado, com comidas para intolerantes a lactose ou a glúten, e um ambiente com a experiência de elementos sensoriais (olfativos, auditivos, táteis etc.). Exemplo 2: uma rádio que tem um programa no qual os "programadores" são os ouvintes.

Fonte: Elaborado com base em Kotler; Keller, 2012; Garcia, 2012.

Observe a Figura 3.3, também proposta por Kotler e Keller (2012), a qual nos permite pensar os níveis de produto em camadas.

Figura 3.3 Os cinco níveis de produto

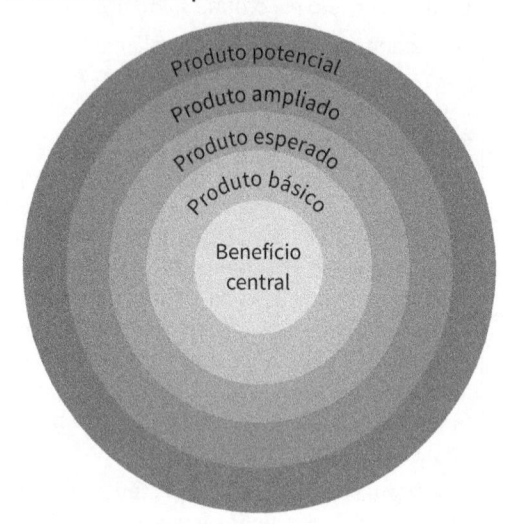

Produto potencial
Produto ampliado
Produto esperado
Produto básico
Benefício central

Fonte: Kotler; Keller, 2012, p. 348.

Dessa forma, ao desenvolver seus produtos e serviços, as empresas devem levar em consideração as maneiras pelas quais promoverá os benefícios requeridos pelos consumidores.

A seguir, realizaremos uma análise dos bens tangíveis (os produtos), e, depois, dos bens intangíveis (os serviços).

3.3.1
Bens tangíveis

De acordo com Kotler e Keller (2012), as características dos produtos são representadas por aspectos como **durabilidade**, **tangibilidade** e **uso**.

Os produtos **não duráveis** são bens tangíveis consumidos rapidamente, cuja compra ocorre com frequência e a disponibilidade se dá em muitos pontos de venda – por exemplo, alimentos em um supermercado. Quanto aos bens **duráveis**, sua utilização é mais duradoura; eles geralmente exigem venda pessoal e agregação de serviços – por exemplo, a compra de um carro (Kotler; Keller, 2012).

Já no que concerne ao consumo, o produto pode ser classificado em de **consumo final** e de **consumo industrial**, conforme o Quadro 3.3.

Quadro 3.3 Classificação de bens de consumo

CONSUMO FINAL	
Conveniência	Artigo cuja compra é frequente, imediata e com um mínimo de esforço (por exemplo, remédio).
Compra comparada	Produto cuja decisão de compra é resultado de comparação entre qualidade, atendimento, preço e *design* (por exemplo, vestuário).
Especialidade	Bem que envolve, no ato da compra, disposição para se fazer um esforço extra na intenção de adquirir determinado bem (por exemplo, carro).
Básicos	Itens cuja compra é regular (por exemplo, óleo de cozinha).
Não procurados	Produtos desconhecidos pelo consumidor (por exemplo, seguro de vida).
Impulso	Itens comprados apenas por estarem junto ao caixa do supermercado (por exemplo, chocolate).
Emergência	Artigos cuja compra é motivada por a emergências/necessidades (por exemplo, guarda-chuva).
CONSUMO INDUSTRIAL	
Bens de produção	Produtos utilizados na confecção do produto final (por exemplo, matéria-prima).
Produtos de suporte	Bens de curta duração cujo objetivo é facilitar o processo de gerenciamento do processo produtivo (por exemplo, produtos relativos a construção, equipamentos, suprimentos e serviços).

Fonte: Elaborado com base em Kotler; Keller, 2012; Kotler; Armstrong, 2007.

Dessa forma, dependendo da compra, consumidor apresenta certo comportamento de consumo. Por exemplo, um guarda-chuva básico custa em torno de R$ 12,00. Porém, em um dia chuvoso, o consumidor pode aceitar pagar bem mais, pois estará precisando desse produto com urgência. Essa classificação também possibilita à empresa que, ao entender o tipo de produto que oferece, direcione sua comunicação.

3.3.2
Bens intangíveis

Segundo Zeithaml, Bitner e Gremler (2011, p. 39), os bens intangíveis, ou serviços, são "atos, processos e atuações oferecidos ou coproduzidos por uma entidade ou pessoa, para outra entidade ou pessoa".

Um serviço pode ser caracterizado pelos seguintes critérios apontados por Cobra (2003), Zeithaml, Bitner e Grender (2011) e Kotler e Keller (2012):

- **Inseparabilidade**: Um serviço sempre está atrelado a uma relação entre produtor e consumidor.
- **Heterogeneidade**: Um serviço nunca é igual ao outro, por conta dos processos e das pessoas que envolve.
- **Intangibilidade**: Um serviço não pode ser materializado ou experimentado antes da compra.
- **Perecibilidade**: Um serviço não pode ser estocado.

Imagine o caso de uma rádio que oferece determinado serviço, por exemplo, anúncios para empresas. A rádio deve esclarecer detalhadamente como tal serviço é prestado, assim como os benefícios que ele oferece, ou seja, por que deve ser adquirido. Por exemplo, por que ouvir a rádio Alpha em vez de escutar a rádio Beta?

Na grande maioria das vezes, os serviços necessitam de produtos para serem realizados. Por isso, quando pensamos em serviços, é preciso conhecer a relevância do produto, ou seja, do bem tangível.

Certas relações entre os serviços e os produtos podem ser categorizadas para uma melhor compreensão de como elas ocorrem. Conheça essas categorias no Quadro 3.4.

Quadro 3.4 Grau de envolvimento do produto em serviços

Bens tangíveis associados a um serviço	Há conexão direta entre o produto e o serviço (por exemplo, a instalação de um codificador de sinal a cabo só será útil se o aparelho for conectado a um televisor).
Híbrido	O produto e o serviço têm equivalência (por exemplo, um restaurante, que, além de ofertar o produto – alimento –, oferece o atendimento.
Serviço principal associado a bens ou serviços secundários	O serviço principal engloba serviços adicionais (por exemplo, uma viagem de avião, com serviços de apoio, como fornecer lanches durante o voo).
Serviço puro	Trata-se de um serviço essencialmente intangível (por exemplo, o serviço de um massagista).

Fonte: Elaborado com base em Kotler; Keller, 2012; Kotler; Armstrong, 2007.

Outro aspecto que deve estar claro para as empresas diz respeito a em que o serviço se baseia. Por exemplo, um serviço pode ser baseado em pessoas, como em apresentações circenses.

Alguns autores, como Zeithaml, Bitner e Gremler (2011), mencionam que, quando se trata de serviços, o *mix* de marketing deve ser ampliado de 4 para 7Ps. Esses Ps adicionais se referem a pessoas, prova física e processo. Para ilustrar essa situação, recorreremos novamente ao exemplo de uma rádio.

- **Pessoas**: Em uma rádio, a maioria dos serviços é prestada por pessoas. Por isso, a seleção, o treinamento e a motivação dos funcionários são os diferenciais que resultam na satisfação dos clientes. Imagine o resultado que se pode obter ao se contratar um locutor sem experiência ou, então, que não sabe desenvolver empatia com os ouvintes.
- **Prova física**: Objetiva a qualidade dos serviços. Por exemplo, um sistema em que o ouvinte possa ir até a rádio para ver como funciona a produção de um programa.
- **Processo**: Relaciona-se ao estabelecimento de processos eficazes para a execução de um serviço.

3.4
Marcas e processo de comunicação

A marca ou *branding* é o que visa identificar um produto. Ao longo do tempo, ela passou de um mero nominador a um bem valioso para a empresa. A marca é de grande valor, seja simbólico, seja financeiro. Um dos responsáveis por seu sucesso é o processo de comunicação.

3.4.1
Branding

Marca não é apenas o nome que se dá a um produto ou serviço; pelo contrário, ela é um **ativo da empresa**. Referir-se à marca como *branding*, segundo Kotler e Keller (2012, p. 736), significa "dotar bens e serviços com o poder de uma marca", e isso está totalmente relacionado à criação de diferenciais.

Pavitt (2003, p. 21) explica que o termo *branding* se refere, principalmente, ao processo de afixar um nome e uma reputação para algo ou alguém. Já para Guimarães (2003, p. 87), "é uma filosofia de gestão de marca, ou seja, uma maneira de agir e pensar sobre uma determinada marca".

Por sua vez, o *brand equity* representa "o valor agregado conferido a bens e serviços" (Kotler; Keller, 2012, p. 736), o qual pode se refletir no modo como os consumidores pensam, sentem e agem em relação à marca, bem como nos preços, na participação de mercado e na lucratividade da marca (Kotler; Keller, 2012).

De acordo com Keller e Machado (citados por Magalhães, 2006, p. 30), as marcas realizam funções importantes, pois "identificam o fabricante e permitem aos consumidores atribuírem responsabilidade a determinado fabricante ou distribuidor. As marcas são, portanto, um meio rápido para simplificar as decisões sobre o produto".

Assim, segundo Pinho (citado por Tarsitano; Navacinsk, 2004, p. 59-60), a empresa deve estar atenta a todas as funções gerenciais da marca, as quais estão descritas a seguir:

- Função concorrencial – As marcas que assinalam os produtos concorrem diretamente entre si;
- Função identificadora – Ao assinalar os produtos e serviços, as marcas os identificam individualmente;
- Função individualizadora – O produto marcado e identificado torna-se um bem individualizado e único perante um conjunto de bens e marcas diferentes;
- Função de descobrimento ou de revelação – Depois de um produto novo ser lançado, no mercado, a marca é que vai

revelar a sua existência ao consumidor. E, ao comprar o bem, o consumidor descobre o produto que a marca assinala;
- Função de diferenciação – Por meio de uma marca o produto torna-se diferenciado na sua categoria;
- Função publicitária – A publicidade busca divulgar e promover a marca do produto junto ao consumidor para que, assim, ele deixe de ser uma mercadoria anônima;
- Função de diferenciação interna – O popular Fusca, da Volkswagen, era apresentado em três versões: Volkswagen 1200, 1300 e 1500. Embora aparentemente idênticos, os modelos apresentavam diferenças concretas de qualidade, preço e acabamento, que fizeram o consumidor estabelecer a diferença de *status* entre os proprietários de cada uma das versões.

Tais funções gerenciais da marca devem se alinhar às funções da marca para os consumidores, as quais estão expostas no Quadro 3.5.

Quadro 3.5 As funções da marca para os consumidores

Função	Benefício ao consumidor
De referência	Visão e situação claras em relação à produção setorial e identificação rápida dos produtos procurados.
De praticidade	Ganho de tempo e de energia na recompra de produto idêntico pela fidelidade.
De garantia	Segurança de encontrar uma qualidade estável em todos os lugares e a todo instante.
De otimização	Segurança de comprar o melhor produto de sua categoria, com o melhor desempenho para um uso específico.
De personalização	Sensação de reconforto com sua autoimagem ou com a imagem que é passada aos outros.
De permanência	Satisfação nascida da familiaridade e da intimidade das ligações com uma marca que foi consumida durante anos e que ainda dura.

(continua)

(Quadro 3.5 – continua)

Função	Benefício ao consumidor
Hedonista	Satisfação ligada à estética da marca, seu *design* e suas comunicações.
Ética	Satisfação ligada ao comportamento responsável da marca nas suas relações com a sociedade (ecologia, emprego, cidadania, publicidade não chocante).

Fonte: Kapferer, 2004, citado por Magalhães, 2006, p. 29.

Com relação ao gerenciamento dos valores tangíveis e intangíveis da marca, Churchill Junior e Peter (2006, p. 137) descrevem que "uma boa estratégia de estabelecimento de marca é importante, porque ajuda os profissionais de marketing a desenvolver e manter uma imagem positiva entre os compradores".

Assim, no que diz respeito à tangibilidade, a empresa deve considerar o formato da marca, o símbolo, a tipologia (tipo de letra), as cores e, sobretudo, como ela se apresenta aos clientes. Já quanto à intangibilidade, devem-se levar em conta as diferentes sensações que a marca pode causar no cliente. Observe, a seguir, a Figura 3.4, que ilustra as considerações que acabamos de tecer sobre as estratégias de marca.

Figura 3.4 As estratégias de marca/valores tangíveis e intangíveis (*iceberg*)

As estratégias de marca	Valores tangíveis e intangíveis (iceberg)	
Marca é: o que se vê e o que se sente	Consciente	Corpo / Valores tangíveis
	Subconsciente	Alma / Valores intangíveis
	Inconsciente	

Fonte: Cobra, 2003, p. 209.

Dessa forma, o gerenciamento da marca deve acontecer de modo que a empresa consiga proporcionar aos consumidores seus valores, sua confiabilidade e sua segurança. Nesse sentido, "Associações positivas com uma marca podem até mesmo persuadir as pessoas a dar à organização uma segunda chance quando ela comete um deslize ou encontra problemas" (Churchill Junior; Peter, 2006, p. 137). Por isso, gerenciar a marca é torná-la um elo saudável entre os consumidores e a empresa.

3.4.2
Processo de comunicação

Se retomarmos o tema do *mix* de marketing, que discutimos no Capítulo 1, lembraremos que há um P que se refere à ação de promover um produto ou serviço. De acordo com Kotler e Armstrong (2007), a **promoção** representa a ação de comunicação mediante a qual se produz uma sinergia entre empresa e consumidores. Assim, é por meio da promoção que os consumidores passam a conhecer os produtos e a marca. Quando a comunicação é convincente, eles tendem a optar por uma empresa em detrimento de outras. A promoção é consolidada graças a diversas ações de propaganda (Mestriner, 2008).

Ao analisarem a promoção, Huertas e Campomar (2008, p. 652) afirmam que é fundamental ao anunciante "saber se os apelos da propaganda (racionais ou emocionais) devem coincidir, ou não, com os componentes da atitude do consumidor sobre o produto anunciado (cognitiva ou afetiva)". Em outras palavras, a **propaganda com apelos racionais** motiva o consumidor expondo informações e argumentos lógicos; por sua vez, a **propaganda com apelos emocionais** foca em respostas afetivas (Huertas; Campomar, 2008).

Para entender a promoção, é necessário compreender o processo de comunicação, apresentado na Figura 3.5.

Figura 3.5 Processo de comunicação

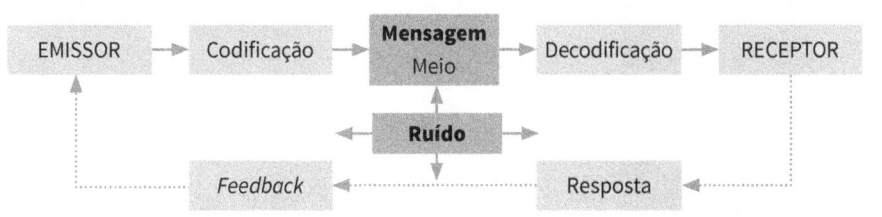

```
EMISSOR → Codificação → Mensagem/Meio → Decodificação → RECEPTOR
                            ↕ Ruído ↕
          Feedback ←                    ← Resposta
```

Fonte: Kotler; Keller, 2012, p. 516.

Aplicando o que ocorre na promoção ao processo de comunicação, o **emissor** do processo é representado pela empresa ofertadora, ou seja, que vende seus produtos. Essa organização idealiza sua **mensagem** com a **codificação**, ou seja, o tipo de mensagem que ela adotará. O **meio** se refere à mídia (rádio, televisão, internet etc.) por intermédio da qual a **mensagem** será **decodificada** pelo **receptor**, isto é, o consumidor. O **ruído** diz respeito a qualquer situação que atrapalhe esse processo, como a não decodificação da mensagem.
Por fim, o **feedback** é a resposta ao estímulo que a mensagem levou ao consumidor.

Antes de encerrarmos este capítulo, verifique, no Quadro 3.6, as plataformas comuns de comunicação entre empresa e consumidor propostas por Kotler e Keller (2012).

Quadro 3.6 Plataformas comuns de comunicação

Propaganda	Anúncios impressos e eletrônicos Embalagem/espaço externo Embalagens/encartes Cinema Folhetos e manuais Cartazes e panfletos Diretórios Reimpressão de anúncios Painéis Placas de sinalização Sinalização de pontos de venda DVDs
Promoção de vendas	Concursos, jogos, sorteios, loterias Prêmios e presentes Amostras Feiras comerciais Exposições Demonstrações Cupons Descontos Financiamento a juros baixos Bonificações de troca Programas de continuidade *Merchandising* editorial (*tie-ins*)
Eventos e experiências	Esportes Entretenimento Festivais Artes Causas Visitas à fábrica Museus de empresas Atividades ao ar livre

(continua)

(Quadro 3.6 – conclusão)

Relações públicas e publicidade	*Kits* de imprensa Discursos Seminários Relatórios anuais Doações de caridade Publicações Relações com a comunidade *Lobby* Mídia de identidade Revista corporativa
Marketing direto e interativo	Catálogos Mala direta Telemarketing Compras eletrônicas Televendas Fax *E-mail* Correio de voz *Blogs* corporativos *Sites*
Marketing boca a boca	Interpessoal Salas de bate-papo virtual (*chat*) *Blogs*
Vendas pessoais	Apresentações de vendas Reuniões de vendas Programas de incentivo Amostras Feiras comerciais

Fonte: Kotler; Keller, 2012, p. 515.

Diante dessa plataforma comum de comunicação, as empresas, ao conhecer o perfil de seus consumidores, bem como as caraterísticas de seus produtos ou serviços, têm a capacidade de elaborar mensagens de acordo com seu plano de comunicação.

Estudo de caso

O restaurante do Sr. Mateo Corteze: Sublime's Restaurante

Quando ainda criança, Mateo Corteze já tinha o sonho de ser um *chef de cuisine*. Com o passar dos anos, aprendeu com sua mãe, uma grande cozinheira, a arte da boa gastronomia. Para transformar seu sonho em realidade, após um árduo trabalho, ele conseguiu fundar o Sublime's Restaurante. Logo, seria preciso elaborar uma estratégia de divulgação do estabelecimento. Assim, ele contratou uma agência de comunicação para elaborar sua campanha de lançamento, deixando claros alguns aspectos:

1) Embora a alimentação seja uma necessidade fisiológica, Corteze desejava que ela fosse vista como social, por se tratar de um restaurante para amigos.
2) Apesar da concorrência, ele queria adotar uma estratégia de customização em massa, para que os clientes pudessem montar os pratos ou combiná-los com outros. Com isso, Corteze acreditava que conseguiria ofertar todos os benefícios esperados pelos consumidores, desde o central até o produto potencial.
3) Corteze sabia que seu negócio seria consumido de forma comparada, além de ser um serviço híbrido; portanto, os produtos alimentícios precisariam ser de extrema qualidade.

Assim, com base nos relatos de Corteze e por meio de uma análise dos potenciais consumidores, a agência realizou uma pesquisa para identificar as principais formas de comunicação dos concorrentes, além de ter estudado casos semelhantes de outros setores. O fator crucial para a escolha da comunicação e da mídia é que o Sublime's Restaurante fica próximo a várias empresas de serviços e de escolas, ou seja, em um ambiente cuja maioria do público-alvo tem o hábito de escutar rádio, principalmente as emissoras de notícias. Com isso, a mídia estava escolhida.

No que se refere ao tipo de propaganda, a agência entendeu que a melhor forma de promover o restaurante seria com um *jingle*, em razão da capacidade dessa ferramenta de criar identidade com os consumidores. Os anúncios iriam ao ar no período matutino, com foco no horário de almoço.

Após a primeira semana adotando essa estratégia, a inauguração ocorreu de forma esperada e, ainda, com fila de espera.

Síntese

Neste capítulo, propusemos uma reflexão sobre o ato de consumir. Explicamos que o consumo nasce das necessidades dos consumidores. Porém, elas são diferentes de pessoa para pessoa, principalmente em um mercado caracterizado por uma grande concorrência e uma ampla oferta de produtos e serviços.

Em virtude do grande número de ofertas, as empresas devem conhecer o que estão oferecendo ao mercado e saber como classificar o consumo de seus produtos ou serviços. O investimento na construção de uma marca sólida pode gerar um diferencial competitivo para a empresa, na intenção de se destacar entre tantas opções.

Por fim, essa marca forte, bem como os produtos, os serviços e os possíveis diferenciais, deve ser difundida entre os consumidores por meio de um plano de comunicação.

Questões para revisão

1) A empresa Pixinguinha Car, renomada revendedora da marca Jeep em Piracicaba, no interior de São Paulo, procurou a rádio Ouro Preto FM para realizar veiculações dos novos lançamentos da marca. O profissional de marketing deve saber que os produtos podem ser classificados e, assim, identificar o melhor perfil de programa para realizar as veiculações. Nesse caso, o produto pode ser classificado como:
   a) básico.
   b) especialidade.
   c) conveniência.
   d) não procurado.
   e) compra comparada.

2) Quanto à classificação dos serviços conforme a relevância do produto a eles associado, avalie as proposições a seguir.
   I) O serviço puro consiste na prestação de um serviço.
   II) O serviço híbrido se refere à não equivalência da proporção de bens e serviços.
   III) Os bens tangíveis são associados a serviços, ou melhor, a venda de produtos é associada a serviços.
   IV) O serviço principal é associado a bens ou serviços secundários, ou seja, um serviço é ofertado junto a outro.

   Está(ão) correta(s) apenas a(s) afirmativa(s):
   a) I.
   b) III.
   c) I e II.
   d) I, III e IV.
   e) II, III e IV.

3) Observe novamente a Figura 3.5, referente ao processo de comunicação.

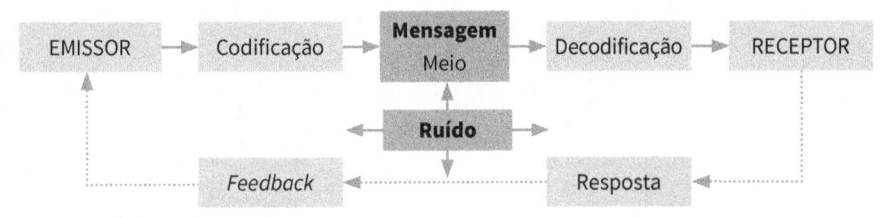

| EMISSOR | → | Codificação | → | **Mensagem** Meio | → | Decodificação | → | RECEPTOR |

← **Ruído** →

Feedback ← Resposta

Fonte: Kotler; Keller, 2012, p. 516.

Agora, imagine que a empresa de computadores El Nuevo optou por fazer anúncios radiofônicos a seus clientes já conquistados e potenciais. Nesse caso, no processo de comunicação, a rádio é:

a) emissora.
b) codificadora.
c) meio.
d) decodificadora.
e) receptora.

4) O marketing se transformou, deixando de ser marketing de massa para se tornar um meio de customização em massa. Explique o que representava o marketing de massa.

5) Para Kotler e Keller (2012), uma empresa deve pensar em cinco níveis de benefícios que os consumidores esperam encontrar em um produto: benefício central, produto básico, produto esperado, produto ampliado e produto potencial. Explique o que este último significa.

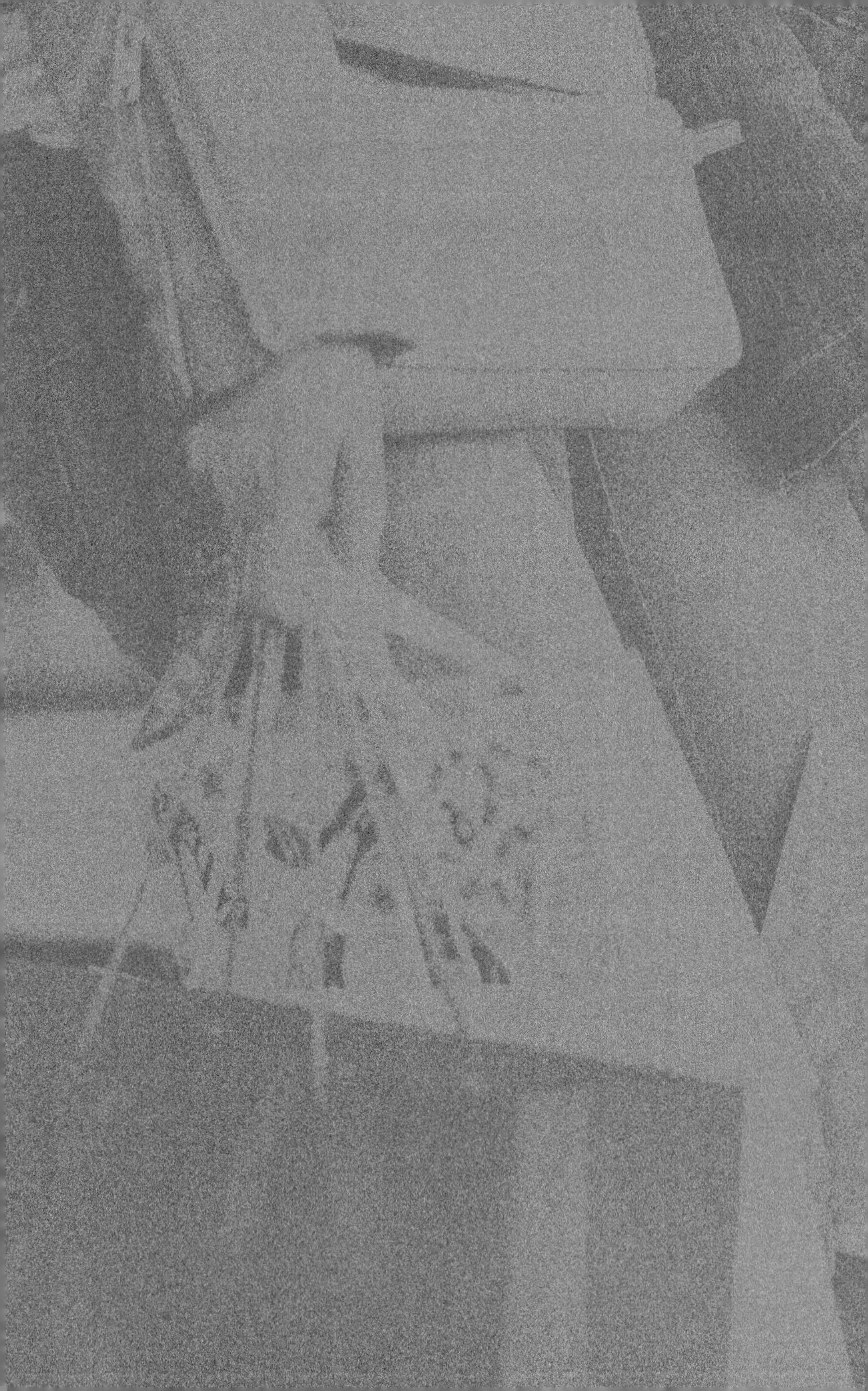

4

Os paradoxos do consumo

Conteúdos do capítulo:

- A diferença entre consumo e consumismo.
- Como a indústria cultural impulsiona o consumo.
- Quando o consumidor é visto como sujeito e quando esse sujeito é a mercadoria.
- O efêmero e a produção da felicidade.

Após o estudo deste capítulo, você será capaz de:

1. diferenciar consumo e consumismo;
2. descrever a lógica da indústria cultural;
3. identificar a visão do sujeito como consumidor e como mercadoria;
4. reconhecer os conceitos efêmeros do consumo.

Nos capítulos anteriores, discutimos vários aspectos que embasariam o que pretendemos expor neste e nos próximos capítulos.

Nesse sentido, já esclarecemos que consumimos por necessidade, bem como que tal necessidade pode ser encontrada na teoria da hierarquia de Maslow. As questões que surgem agora são: O que separa o consumo do consumismo? Consumimos muito além do que, de fato, necessitamos?

Esse debate será o ponto inicial do presente capítulo, no qual buscaremos mostrar também o quanto a indústria cultural se reflete em nossa forma de consumir.

4.1
Consumo *versus* consumismo

Consumir é fazer uso de algo. Assim, podemos dizer que o consumismo representa o uso que é feito de forma supérflua. Orientando-nos pela teoria de Maslow, podemos dizer que, de certo modo, consumimos o que, de fato, precisamos. Entretanto, nessa esteira, nem sempre o objetivo é apenas sanar uma necessidade básica ou, até mesmo, de autorrealização. O consumismo é pautado por um consumo desnecessário e, muitas vezes, não há explicações racionais que o justifiquem. Em alguns casos, inclusive, essa prática pode tornar-se uma patologia. A charge a seguir apresenta de forma bem-humorada a lógica subjacente ao consumismo.

Bauman (2008) provoca essa reflexão quando menciona que passamos de uma **sociedade de produtores**, em que os produtos eram feitos para ter grande vida útil, para uma **sociedade de consumidores**, na qual ser durável não é mais um requisito tão importante para a aquisição de um produto. Para conferir se isso realmente acontece, pergunte a seus avós ou a um parente que viveu nas décadas de 1960 e 1970 com que periodicidade eles trocavam de geladeira, por exemplo.

Assim, o cerne do consumismo é o estímulo de maiores necessidades, sempre visando a uma maior rotatividade na aquisição de bens.

> De maneira distinta do **consumo**, que é basicamente uma característica e uma ocupação dos seres humanos como indivíduos, o **consumismo** é um atributo da **sociedade**. Para que

uma sociedade adquira esse atributo, a capacidade profundamente individual de querer, desejar e almejar deve ser, tal como a capacidade de trabalho na sociedade de produtores, destacada ("alienada") dos indivíduos e reciclada/reificada numa força externa que coloca a "sociedade de consumidores" em movimento e a mantém em curso como uma forma específica de convívio humano, enquanto ao mesmo tempo estabelece parâmetros específicos para as estratégias individuais de vida que são eficazes e manipula as probabilidades de escolha e conduta individuais. (Bauman, 2008, p. 41, grifo do original)

Essa ideia de consumismo é fruto da **homogeneidade do sistema capitalista**, pela qual, com o avançar dos mercados e em virtude de uma ampla oferta de produtos, as empresas buscam, de diversas formas, diferenciar-se entre si. Parece que muitas delas avançam nesse sentido.

"A economia consumista se alimenta do movimento das mercadorias e é considerada em alta quando o dinheiro mais muda de mãos; e sempre que isso acontece, alguns produtos de consumo estão viajando para o depósito de lixo" (Bauman, 2008, p. 51). Podemos sentir isso nos efeitos das propagandas.

Outro ponto que merece destaque quanto à ideia de consumismo diz respeito ao avanço dos **meios de comunicação** e às **estéticas de propaganda**, que, com uma linguagem imperativa, instigam o público a consumir. Com relação a esse estímulo, não há nada de específico com relação a idade, sexo, credo, condições sociais, entre outros aspectos – vide as propagandas de brinquedo.

É comum as propagandas de brinquedos apresentarem uma ação imaginada; muitas vezes, temos a impressão de que eles estão em movimento ou digladiando entre si, por exemplo. A tendência é usar pouco texto, já que grande parte do público-alvo ainda não lê. Aparecem, no máximo, frases que explicam brevemente seu funcionamento, como "movido a pilha" ou "movimentos feitos por computador". Ora, geralmente, uma criança começa a aprender a ler com 6 anos; porém, o desejo de consumir brinquedos mostrados em comerciais é anterior a essa idade. E, como os que ela já possui são "chatos", tais propagandas geram uma frustação no jovem consumidor, gerando, em contrapartida, bastante influência para que os pais, avós, tios ou outros parentes adquiram o novo brinquedo. Isso é fruto dos nossos tempos.

Quando afirmamos isso, estamos retomando nossa discussão inicial sobre a consolidação do sistema econômico de mercado com base na ideia de consumir para ser feliz, ou seja, o mercado é nosso ente querido e devemos sempre buscar atender a nossos desejos. Isso leva as empresas, que procuram constantemente aumentar suas receitas, a crescer cada vez mais. Nesse sentido, parece-nos que nem o céu é o limite, e esta é a ideologia do sistema capitalista: "Toda ideologia é uma 'gaiola psíquica' para o indivíduo, aprisionando-o nos limites das racionalidades instituídas" (Vizeu; Meneghetti; Seifert, 2012, p. 573).

No tocante a esse assunto, Barbosa (2004, p. 14) destaca:

> A cultura material e o consumo são aspectos fundamentais de qualquer sociedade, mas apenas a nossa tem sido caracterizada como uma sociedade de consumo. Isto significa admitir que o consumo esteja preenchendo, entre nós, uma função acima e além daquela de satisfação de necessidades materiais e de

reprodução social comum a todos os demais grupos sociais. Significa admitir, também, que ele adquiriu na sociedade moderna contemporânea uma dimensão e um espaço que nos permitem discutir através dele questões acerca da natureza da realidade.

Lutzenberger (2012) cita o exemplo da indústria automobilística e de suas ações mercadológicas. Você se lembra de que, no Capítulo 1, afirmamos que o Ford-T era produzido com preceitos de massa? Então, nessa nova seara, dispomos de diversos modelos de carros. Vale ressaltar que muitos são relançados, tempos depois, com algumas poucas modificações; nesse caso, o que diferencia um veículo do outro é, basicamente, o ano de fabricação. Com isso, é muito comum encontrar pessoas com fetiche por carros com cheirinho de novo. O mesmo raciocínio pode ser aplicado aos celulares. Todos os anos são lançados novos produtos, o que torna obsoleta a versão anterior. É a chamada **obsolescência programada**, fenômeno representado na tirinha a seguir.

Perguntas & respostas

O que é obsolescência programada?

É a ação de produzir bens com vida útil predeterminada. De certa forma, isso força o consumidor a adquirir versões novas de um mesmo produto. Em períodos cada vez mais curtos, "os aparelhos e os equipamentos, desde as lâmpadas elétricas aos óculos, deixam de funcionar devido a uma avaria prevista dum dos seus elementos. É impossível encontrar uma peça de substituição ou um técnico que o repare" (Latouche, 2012, p. 33).

Assim, somos impelidos de diversas formas ao consumo. Nesse sentido, não consumir é um sinal de minimização. Passamos a ser reconhecidos pelas marcas que usamos muito mais do que pelo que somos verdadeiramente. Estamos, portanto, na busca de consumir para adquirir felicidade. Nessa ótica, a obsolescência programada veícula um conceito que amplia nossas ideias sobre o valor de uso e o valor de troca:

> O que hoje se produz não se fabrica em função do respectivo valor de uso ou da possível duração, mas antes em função da sua morte, cuja aceleração só é igualada pela inflação dos preços. Sabe-se ainda que a ordem da produção não sobrevive a não ser ao preço de semelhante extermínio, de perpétuo "suicídio" calculado do parque dos objetos, e que tal operação se baseia na "sabotagem" tecnológica ou no desuso organizado sob o signo da moda. (Baudrillard, 2003, p. 42)

Nesse sentido, Latouche (2012, p. 30, grifo nosso) explicita que "são necessários três ingredientes para que a sociedade de consumo possa prosseguir o seu circuito diabólico:

a **publicidade**, que cria o desejo de consumidor, o **crédito**, que lhe fornece os meios, e a **obsolescência acelerada e programada** dos produtos, que renova a sua necessidade".

O **fetiche** sobre uma mercadoria é um assunto que já foi abordado por um sociólogo que, apesar de ser muito discutido, é, em nosso modo de ver, pouco lido: Karl Marx (1818-1883). De acordo com esse autor, o que pauta as relações sociais é a relação econômica, em que os valores subjetivos das trocas são transformados em valores reais, materiais (Marx, 1988). Esse conceito será mais bem discutido adiante, quando tratarmos da indústria cultural.

Nessa estimulação ao consumo para além das necessidades, a publicidade – o P de *promoção* no *mix* de marketing – atua ativamente na constituição dessa sociedade de consumidores. Segundo Baudrillard (2003, p. 42), "A publicidade realiza o prodígio de um orçamento considerável gasto com um único fim, não de acrescentar, mas de tirar o valor de uso dos objetos, de diminuir o seu valor/tempo, sujeitando-se ao valor/moda e à renovação acelerada".

A seguir, analisaremos as proposições da indústria cultural.

4.2
Consumo e indústria cultural

Para discutirmos a indústria cultural, recorreremos a dois autores da **Escola Crítica de Frankfurt**[1]: Theodor Ludwig Wiesengrund-Adorno (1903-1969) e Max Horkheimer (1895-1973).

---

[1] Refere-se aos pensadores vinculados ao Instituto de Pesquisa Social da Universidade de Frankfurt, na Alemanha.

Antes, porém, propomos a leitura de uma tirinha da Mafalda:

Essa tirinha nos faz refletir sobre quem somos em uma sociedade de consumo. E, para abordarmos essa temática, temos de discutir o **local da arte** em nosso viver social. Adorno e Horkheimer (1985) explicam que, com a massificação do cinema, o fazer cultural e artístico passou a estar sob o olhar da indústria capitalista, com a popularização de produtos que foram adaptados pelo consumo de massa. Isso no sentido da produção de "ilusões", de forma a trabalhar para a mercantilização das mercadorias com foco na alienação e na produção de lucro para a classe dominante. "A cultura é uma mercadoria paradoxal. Ela está tão completamente submetida à lei da troca que não é mais trocada. Ela se confunde tão cegamente com o uso que não se pode mais usá-la" (Adorno; Horkheimer, 1985, p. 151).

Surgiu, então, uma indústria cultural com foco no consumo, principalmente no individual, e os meios de comunicação se responsabilizaram por ampliar a lógica de que, para ser feliz, é necessário consumir. Sob essa ótica, Fabiano (1998, p. 161) reforça que a "massificação cultural cumpre assim um papel de não elevar a consciência da massa, ao contrário, das mais diversas e ardilosas formas, fragmentar a subjetividade humana para nela introjetar uma objetividade ideológica que retroalimente a própria estrutura dominante".

> A indústria cultural fabrica produtos a fim de serem trocados por moeda; promove a deturpação e a degradação do gosto popular; simplifica ao máximo seus produtos, de modo a obter uma atitude sempre passiva do consumidor; assume uma atitude paternalista, dirigindo o consumidor ao invés de colocar-se a sua disposição. (Coelho, 1996, p. 23)

Adorno e Horkheimer (1985) afirmam veementemente que a indústria cultural atua como formadora de mentalidades. Em outras épocas, a arte significava a representação do estado de espírito de seus autores e tinha a função de apresentar as conjunturas dos tempos em que era produzida. Entretanto, nessa visão de culturalização de massa, a arte passou a ser uma das armas do capital. Assim, obras artísticas se tornaram imediatas e frugais, passando a criar necessidades antes nunca idealizadas pelos sujeitos sociais.

Sobre essa transformação da cultura, Duarte (2007, p. 9) esclarece que

> A cultura deixou de ser uma decorrência espontânea da condição humana, na qual se expressaram tradicionalmente, em termos estéticos, seus anseios e projeções mais recônditos, para se tornar mais um campo de exploração econômica, administrado de cima para baixo e voltado apenas para os objetivos supramencionados de produzir lucros e de garantir adesão ao sistema capitalista por parte do público.

Conforme debateremos na sequência, nessa lógica da indústria cultural do consumo, o consumidor deixa de ser sujeito e passa a ser objeto, uma vez que a proposta da cultura, nessa perspectiva, é não proporcionar conhecimento, pois este torna o indivíduo crítico, emancipa-o. Essa vertente cultural do sistema capitalista visa incentivar o consumo, ou seja, gerar motivação para a aquisição de produtos em detrimento de conhecimentos. Se o conhecimento fica nas mãos das elites do capital, ele pode ser facilmente manipulado (Adorno; Horkheimer, 1985).

Para essa transmissão ideológica, a comunicação de massa parece ter se revelado um "caminho de sucesso".

> As mais íntimas reações das pessoas estão tão completamente reificadas para elas próprias que a ideia de algo peculiar a elas só perdura na mais extrema abstração: *personality* significa para elas pouco mais do que possuir dentes deslumbrantemente brancos e estar livres do suor nas axilas e das emoções. Eis aí o triunfo da publicidade na indústria cultural, a mimese compulsiva dos consumidores, pela qual se identificam às mercadorias culturais que eles, ao mesmo tempo, decifram muito bem. (Adorno; Horkheimer, 1985, p. 156)

Assim, como você já deve ter notado, para explicar essa lógica de consumismo e alienação, os críticos da indústria cultural atribuem grande responsabilidade à comunicação de massa. A Figura 4.1 explica esse ciclo.

Figura 4.1 A lógica da comunicação de massa na indústria cultural

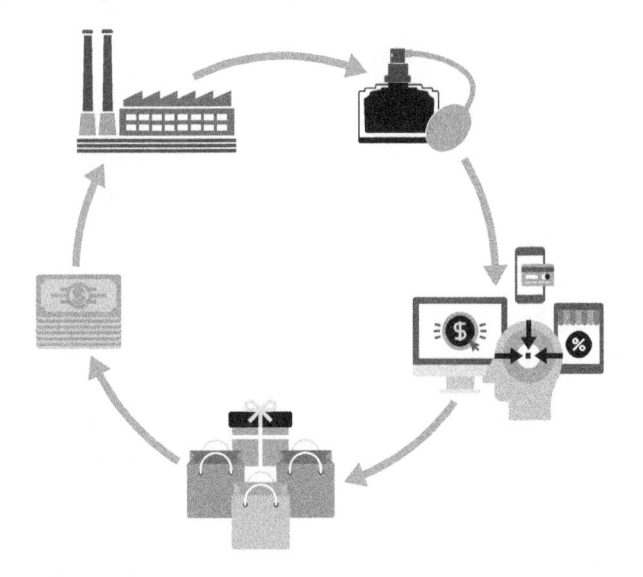

Fonte: Elaborado com base em Coutinho, 2011.

Os produtores, simbolizados na figura pela imagem da indústria, utilizam estratégias de embelezamento em seus produtos. Consequentemente, esses produtos que foram "tornados belos" são massivamente apresentados para os consumidores, que, conscientemente ou não, saem para o consumo, resultando em amplo lucro aos produtores. Podemos perceber, então, que há sujeitos que consomem sem haver real necessidade. Em muitos casos, ocorrem compras impulsivas de um produto em busca de uma felicidade passageira. Se você recordar o processo de comunicação que já analisamos, lembrará que a mídia é o meio pelo qual se torna possível concretizar essa lógica.

4.3
Consumidor como sujeito

Já explicamos que a indústria cultural usa de suas ferramentas de comunicação em massa para ensejar, principalmente, desejos de consumo individual. Porém, o sujeito consumidor não está sozinho no mundo; ele está inserido na sociedade de consumo explicitada por Bauman (2008) e, assim, passa a pautar seu consumo conforme os valores, hábitos e costumes do meio em que vive.

Mas, afinal, o que é o sujeito? Sob um prisma lacaniano, segundo Askofaré (2009, p. 166), é o "indivíduo empírico que se submete à experiência e a instância que se deduz da mesma experiência, instância suposta ao saber inconsciente, ao inconsciente como saber". Assim, o sujeito é aquele ser dotado de ação, seja ela consciente ou não. Logo, é aquele que fala, sente, chora, vive, morre, canta, sorri etc. E, por viver em uma sociedade, dividindo seus dias com outras pessoas, influencia-as e é influenciado por elas. Para Fontes (2004, p. 19), o sujeito é "constituído enquanto humano exatamente porque resultado de um determinado momento de um grupo historicamente situado que se relaciona entre si e com a natureza de uma forma específica e peculiar".

Pela Lei n. 8.078, de 11 de setembro de 1990, conhecida como *Código de Defesa do Consumidor*, art. 2º, consumidor "é toda pessoa física ou jurídica que adquire ou utiliza produto ou serviço como destinatário final" (Brasil, 1990). Assim, o sujeito é aquele que faz uso do produto/serviço. Porém, como esse uso individual se alinha a uma teia social, o sujeito consumidor é alvo das estratégias da cultura industrial. Com isso, queremos dizer que o consumismo do sujeito vai além dele. De muitas formas, as pessoas consomem para serem aceitas em determinados grupos sociais, e é isso que acaba por criar a identidade social delas – assunto que abordaremos no próximo capítulo.

De forma imperativa, os processos de comunicação visam gerar esse consumo por meio de frases como: "Todo mundo tem", "Compre logo o seu", "Só amanhã" e "Não fique fora dessa". Isso cria um fetiche no sujeito e, em muitos casos, mesmo sem condições financeiras, ele acaba adquirindo os produtos. Vale lembrar que, na lógica do capitalismo, com a possibilidade de parcelar a compra em diversas prestações, o consumidor sente que, sem tal produto, ele não é um sujeito completo.

Assim, as pessoas passaram a buscar a satisfação de seus prazeres ou a fuga de suas frustrações no hábito de consumir em vez de aproveitar outras variáveis, como a natureza. Aliás, vários espaços naturais que eram de posse social passaram a ser administrados como empresas, obviamente, visando ao lucro. Você conhece algum espaço assim?

Bauman (2008, p. 42) faz a seguinte ponderação sobre essa transformação do social e do sujeito consumidor:

> A apropriação e a posse de bens que garantam (ou pelo menos prometam garantir) o conforto e o respeito podem de fato ser as principais motivações dos desejos e anseios na sociedade de produtores, um tipo de sociedade comprometida com a causa da segurança estável e da estabilidade segura, que baseia seus padrões de reprodução a longo prazo em comportamentos individuais criados para seguir essas motivações.

Como desdobramento, o sujeito torna-se uma mercadoria, e seu consumo se regula pela busca de suas posses e pelo distanciamento de sua subjetividade.

4.4 Sujeito como mercadoria

No paradoxo do consumismo, o sujeito tem a impressão de que só é um **sujeito completo** se tem condições de consumir, principalmente coisas supérfluas, pois o consumo é encarado como necessário para que ele se sinta parte do grupo em que está inserido.

Um exemplo interessante são os anúncios de cigarro divulgados no Brasil antes das leis proibitórias de propaganda, os quais associavam a imagem do fumante a um perfil descolado ou aventureiro, sem levar em consideração os males atrelados a tal vício.

O propósito desses anúncios era conectar o consumo de cigarro a um tipo de *status*, no sentido de que quem não consumisse o produto não faria parte de um grupo seleto. De forma não racional, o consumidor se torna aquilo que consome, modificando, inclusive, os valores pelos quais o faz.

Vale relembrar a discussão apresentada no Capítulo 1: em uma sociedade feudal, baseada muitas vezes no escambo, não havia um refinamento da comunicação para o consumo. Essa prática foi criada, assim como ocorreu com o sistema capitalista.

De acordo com Bauman (2008, p. 20),

> Na sociedade de consumidores, ninguém pode se tornar sujeito sem primeiro virar mercadoria, e ninguém pode manter segura sua subjetividade sem reanimar, ressuscitar e recarregar de maneira perpétua as capacidades esperadas e exigidas de uma mercadoria vendável. A "subjetividade" do "sujeito", e a maior parte daquilo que esta subjetividade possibilita ao sujeito atingir, concentra-se num esforço sem fim para ela própria se tornar, e permanecer, uma mercadoria vendável. A característica mais proeminente da sociedade de consumidores – ainda que cuidadosamente disfarçada e encoberta – é a transformação dos consumidores em mercadorias.

Com isso, avançamos no entendimento de que o ato de consumir para viver de forma fisiológica migrou para um hábito de consumo ideológico e simbólico. Assim, consumir passou a ser uma escada para se alcançar a felicidade individual, como se esta pudesse apenas ser conquistada pela compra de produtos ou serviços.

Façamos um exercício sobre as imagens criadas ideológica e simbolicamente. Imagine que você precisa de um advogado. Você se dirige até o escritório dele e, ao chegar lá, depara-se com um sujeito de camiseta regata, chinelo de dedo e bermuda. Você o contrataria? Qual impressão você teria desse profissional? E se ele estivesse com um terno de grife, sua percepção seria a mesma? Isso estaria necessariamente relacionado à competência do profissional que você procura?

Antes de abordarmos a busca da felicidade naquilo que é efêmero, reflita sobre isso.

4.5
O efêmero e a produção de felicidade

Antes de analisarmos a felicidade passageira produzida pelo consumo desenfreado, convém refletir sobre algumas questões: Afinal, o que somos? O que queremos? Como a mídia molda os costumes sociais? Por exemplo, até algum tempo atrás, ter tatuagem não era algo bem visto pela sociedade, por ser "coisa de presidiário". Atualmente, a realidade é diferente. Nas novelas brasileiras, há tanto mocinhos quanto vilões tatuados. Trata-se de um aceite social.

Você está satisfeito com seu corpo? Independentemente de sua resposta, reflita sobre os elementos que a sustentam. Provavelmente, a motivação para sua resposta esteja no âmbito social, pois a busca pelo corpo perfeito é uma constante em nossa atual sociedade de consumo. Um exemplo são mulheres que buscam cirurgiões plásticos para fazer implantes mamários. Muitas dessas mulheres relatam que vivem durante muitos anos insatisfeitas com seus corpos e, que após o implante, sentem-se mais felizes. Entretanto, outras passam por complicações e correm risco de vida para obter um resultado exclusivamente estético. Algumas vezes, elas não medem esforços, inclusive financeiros, para se desvencilhar de uma falta de aceitação sobre seu corpo, muitas vezes com consequências psicológicas e emocionais, motivada na maior parte dos casos pelos padrões estéticos difundidos na sociedade.

Vale lembrar que, na Idade Média, a obesidade representava pujança financeira, pois os pobres não tinham condições para uma diversificada e rica alimentação; na verdade, entre os desprovidos, o consumo de alimentos restringia-se à **subsistência**, que era, inclusive, o foco da sociedade feudal.

Quando o sistema de mercado deixou de ser apenas uma variável da vida para se tornar a própria vida, conforme relatado por Polanyi (2000), muitas coisas foram se transformando. Você já deve saber que, na era medieval[2], o que importava era a felicidade pós-vida. Nesse sentido, ter uma vida martirizada era garantia de felicidade no plano espiritual a qual não se conquistava de forma imediata. No entanto, tal panorama mudou com algumas reformas, como a de Martinho Lutero (1483-1546) e a de João Calvino (1509-1564), bem como com os avanços científicos e culturais da época. Contudo, nos dias atuais, presenciamos uma verdadeira invasão mercantil na sociedade em que vivemos.

Ainda nessa nova realidade, tivemos um impacto profundo em nossa transformação social oriunda do **Iluminismo**[3] e de sua promessa de progresso. Afinal, no Século das Luzes, qualquer um poderia ascender socialmente. Por exemplo, um plebeu nunca poderia casar com alguém da realeza, mas, na promessa iluminista, ele poderia ascender do pauperismo para o seleto grupo de empreendedores de sucesso.

Essa ideia de que o progresso econômico poderia moldar a vida pode ser observada nos trabalhos do filósofo e

---
2 Durante a Idade Média, a organização de todos os aspectos da vida estava a cargo da Igreja Católica Apostólica Romana.

---
3 O Iluminismo também é chamado de *Século das Luzes* ou *Século da Filosofia*. Seus grandes expoentes foram Francis Bacon (1561-1626); René Descartes (1596-1650); John Locke (1632-1704); François-Marie Arouet, mais conhecido pelo pseudônimo Voltaire (1694-1778); Jean-Jacques Rousseau (1712-1778); e Adam Smith (1723-1790).

economista escocês Adam Smith (1723-1790), com seu entendimento de que a esfera econômica seria uma ordem natural da vida; porém, discutimos no Capítulo 1 que essa esfera é uma criação da modernidade.

Assim, surgiu a promessa da felicidade pelo consumo, sendo que este representaria a fonte real de satisfação. Entretanto, essa satisfação não equivale, de fato, à felicidade. Por isso, o consumo de coisas efêmeras para uma felicidade momentânea é um paradoxo e, com a obsolescência programada, há cada vez menos felicidade (Lipovetsky, 2007).

Segundo Bauman (2008, p. 60, grifo do original),

> O valor mais característico da sociedade de consumidores, na verdade seu valor supremo, em relação ao qual todos os outros são instados a justificar seu mérito, é uma vida feliz. A sociedade de consumidores talvez seja a única na história humana a prometer felicidade na **vida terrena**, **aqui** e **agora** e a cada "agora" sucessivo. Em suma, uma felicidade **instantânea** e **perpétua**.

Observe, a seguir, uma tirinha que representa nossa reflexão sobre o consumo como felicidade.

©Joaquim S. Lavado Tejón (QUINO), TODA MAFALDA/Fotoarena/Quino

Na tirinha da Mafalda, podemos perceber que a conclusão de Miguelito é de que parece impossível ser infeliz com tantos produtos à disposição.

Observe como a felicidade é vendida – em muitos casos, em diversas prestações. Essa é a cultura do consumo, uma "construção cultural e social que requereu a 'educação' dos consumidores ao mesmo tempo que o espírito visionário de empreendedores criativos, a 'mão visível dos gestores'" (Lipovetsky, 2007, p. 28).

Sobre isso, Duarte (2007, p. 33) enfatiza:

> No bem cultural a suposta ausência de valor de uso (que, na verdade, é valor de uso mediatizado) é hipostasiada no sentido de se transformar, ela própria, em valor de uso: a presumida inutilidade como emblema, que, em vez de subverter o caráter mercantil do produto, acaba por reforçar o caráter de valor de troca que ele, em uma sociedade capitalista, necessariamente possui.

A busca pela felicidade é inerente ao ser humano. Certamente, as primeiras pessoas que aprenderam a controlar o fogo, que dominaram a agricultura rudimentar e deram início às comunidades sentiram imensa felicidade e satisfação. Porém, com a inversão de valores proporcionada pelo consumo do imediato, do supérfluo, é como se a felicidade estivesse no fundo da garrafa de alguma bebida industrializada.

Adorno e Horkheimer (1985, p. 113) trazem uma interessante reflexão a esse respeito:

> O prazer acaba por se congelar no aborrecimento, porquanto, para continuar a ser um prazer, não deve mais exigir esforço e, por isso, tem de se mover rigorosamente nos trilhos gastos das associações habituais. O espectador não deve ter necessidade de nenhum pensamento próprio, o produto prescreve toda reação: não por sua estrutura temática – que desmorona na medida em que exige o pensamento –, mas através de sinais.

A transformação pela qual passou a indústria cultural é, para muitos, natural, mas não nos enganemos, pois trata-se de uma situação criada, uma **construção social**; é, portanto, uma **ideologia**. Vizeu, Meneghetti e Seifert (2012, p. 576) afirmam que "a promessa burguesa da prosperidade do mundo pelo desenvolvimentismo capitalista não foi cumprida, por causa dos problemas que a manutenção desse sistema engendrava para a sociedade". Mesmo não se cumprindo, as teias de consumo e a busca da felicidade em nosso tempo foram mantidas.

Antes de finalizarmos este capítulo, acesse os boletins que constam no *site* do Conselho Nacional de Autorregulamentação Publicitária[4] (CONAR), que têm a missão de "impedir que a publicidade enganosa ou abusiva cause constrangimento ao consumidor ou a empresas e defender a liberdade de expressão comercial" (Conar, 2018), para verificar os casos julgados por essa instituição. Por exemplo, na página desse órgão, é possível acessar casos relacionados a veiculações de anúncios impedidas, processos arquivados, entre outros.

Estudo de caso

Michele Muller, jornalista com especialização em neurociência cognitiva, relata como o consumo pode trazer consigo a depressão.

> A **depressão** é, hoje, a causa principal de **incapacidade entre jovens** de 10 a 19 anos, segundo dados de 2014, da **Organização Mundial da Saúde**. Nada que surpreenda quem trabalha ou convive com esse público. A realidade é evidente e suas

---

[4] Os boletins do Conar podem ser acessados diretamente da página inicial do órgão, clicando em "Boletim", no topo, à direita. Disponível em: <http://www.conar.org.br>. Acesso em: 9 out. 2018.

consequências podem ser graves. Atualmente, o **suicídio** representa mais perigo do que qualquer doença nessa fase, uma realidade sombria que revela que **depressão** chega cedo e numa incidência cada vez maior.

[...]

Uma das autoras do estudo, a pesquisadora **Jean Twenge** já havia concluído, em outra análise divulgada em 2009, que o aumento da incidência de **problemas psicológicos entre adolescentes** vem crescendo de forma constante desde a década de 1930. Autora de diversos **livros de Psicologia** – dentre eles, **Generation Me (Geração Eu)**, sobre o **comportamento dos jovens do século 21** –, ela constatou que os estudantes, hoje, são mais instáveis e se sentem muito mais isolados e insatisfeitos com a vida do que as gerações de seus pais e avós.

Na análise de Twenge, esse declínio na **saúde mental dos jovens** é uma resposta ao crescimento da valorização do **consumo** e à busca, quase obsessiva, da sociedade atual pelo sucesso. Diante de objetivos de vida extrínsecos, que dependem do ganho financeiro e material, e cada vez mais longe dos intrínsecos, relacionados ao desenvolvimento pessoal e espiritual, os jovens sentem que têm cada vez menos controle sobre a própria vida. E o que seria a **ansiedade**, essa famosa vilã da **saúde mental**, se não a sensação de ter pouco domínio sobre o destino?

A fragilização da **saúde mental**, resistindo a tantos novos tratamentos que surgem no mercado, é, certamente, um reflexo de grandes mudanças ambientais; e o **materialismo** valorizado desde a infância é, sem dúvida, um deles. Mas o professor do Boston College e pesquisador em ciências biológicas **Peter Gray**, autor de **Free to Learn (Livre para**

Aprender) e **Psychology (Psicologia)**, analisou a questão sob outro espectro. Investigador das raízes biológicas e antropológicas da educação, percebeu que a atividade mais importante da infância se encontra em constante declínio nas últimas décadas – desde que o **nível de ansiedade dos jovens** começou a subir. Segundo ele, as crianças, hoje, têm muito menos tempo para **brincar livremente** do que a geração anterior. E seus pais já tiveram menos que seus avós.

Esse tempo vem sendo preenchido com mais estudo, quantidade maior de lição de casa e atividades extracurriculares coordenadas por adultos, sem falar na televisão e, mais recentemente, nos jogos eletrônicos. A **obsessão pelo sucesso** levou os pais a valorizar, cada vez mais, as notas e avaliações, incentivar a competitividade e pressionar a criança a aprender cada vez mais em menos tempo. As escolas têm mais dias letivos e o tempo médio de recreio vem diminuindo, sendo que muitas oferecem atividades assistidas com o intuito de "aproveitar melhor" o tempo livre das crianças. (Muller, 2017, grifo do original)

Depressão cresce entre os adolescentes. Muller, M. - Adaptado para web por Caroline Svitras. **Psique**, 22 set. 2017. Disponível em: <http://psiqueucienciaevida.com.br/depressao-cresce-entre-osadolescentes> - Editora Escala.

Esse trecho demonstra que há cobrança e preocupação da sociedade com relação à promoção do efêmero, ou seja, da comunicação de produtos que ofereçam uma felicidade que, muitas vezes, não está disponível para todos ou não é atingível por todos. Assim, tem-se a ideia de que é preciso, principalmente, ocupar o tempo das crianças e dos jovens de forma útil, retirando do cotidiano deles os momentos de ócio. O resultado dessa sistemática é a existência cada vez maior de jovens com problemas de depressão.

Síntese

Neste capítulo, exploramos as consequências de diversos movimentos abordados nos capítulos anteriores. Analisamos como a necessidade de consumir se transformou em um fetiche social da busca pela felicidade efêmera por meio do consumismo.

Nesse sentido, estamos diante de um novo repartimento da jaula de aço, conceito exposto por Max Weber (1864-1920). Na obra *A ética protestante e o espírito do capitalismo*, Weber (2013) demonstra que, com a secularização, o trabalho passou a ser, em seu cerne, a própria justificativa, ou seja, o fim em si mesmo. Por isso, ao mencionarmos que estamos nessa nova repartição da jaula, queremos dizer que consumimos para sermos felizes, e não mais para satisfazermos nossas necessidades básicas. Essa é a nova realidade da indústria cultural do consumo – para muito além da hierarquia de necessidades proposta por Maslow.

Também debatemos como a busca pela felicidade transforma o sujeito em uma mercadoria, sendo esse processo o resultado das práticas da indústria do consumo.

Questões para revisão

1) Por conta das mudanças que transformaram nossa forma de viver, com base na mercantilização como forma de organizar as relações, migramos de uma sociedade de produtores para uma em que o durável não é mais um requisito. Trata-se de uma sociedade de:
   a) mercado.
   b) compradores.
   c) consumidores.
   d) mercantilização.
   e) comercializadores.

2) Quando refletimos sobre o que é passageiro, bem como sobre a obtenção de felicidade por meio do consumo, fazemo-lo utilizando uma lente de ponderação, pela qual buscamos entender como a indústria cultural e seu impacto no consumo tornaram possível a realidade atual. Com base nisso, analise as afirmações a seguir.

   I) O sistema de mercado deixou de ser apenas uma variável da vida para tornar-se a própria vida.

   II) Na sociedade de consumidores, ninguém pode tornar-se sujeito sem antes virar mercadoria.

   III) De forma racional, o consumidor se torna aquilo que consome em virtude dos valores pelos quais o faz.

   IV) O ato de consumir para satisfazer às necessidades básicas se transformou em um hábito ideológico e simbólico de consumir para viver.

   Está(ão) correta(s) apenas a(s) afirmativa(s):

   a) I.
   b) III.
   c) I e II.
   d) I, II e IV.
   e) II, III e IV.

3) Na sociedade em que vivemos, os produtos já são fabricados para ter vida útil reduzida e, frequentemente, precisam ser substituídos. O conceito subjacente a essa assertiva é conhecido como obsolescência:

   a) *slow*.
   b) dirigida.
   c) de custos.
   d) programada.
   e) diagnosticada.

4) No decorrer deste capítulo, expusemos as transformações econômicas e sociais que moldaram nossa atual forma de consumir. Para isso, apresentamos de maneira antagônica a Idade Média e o Século das Luzes. Explique em que consiste esse antagonismo.

5) No tocante ao desenvolvimento da mercantilização da vida, explique as principais diferenças entre consumo e consumismo.

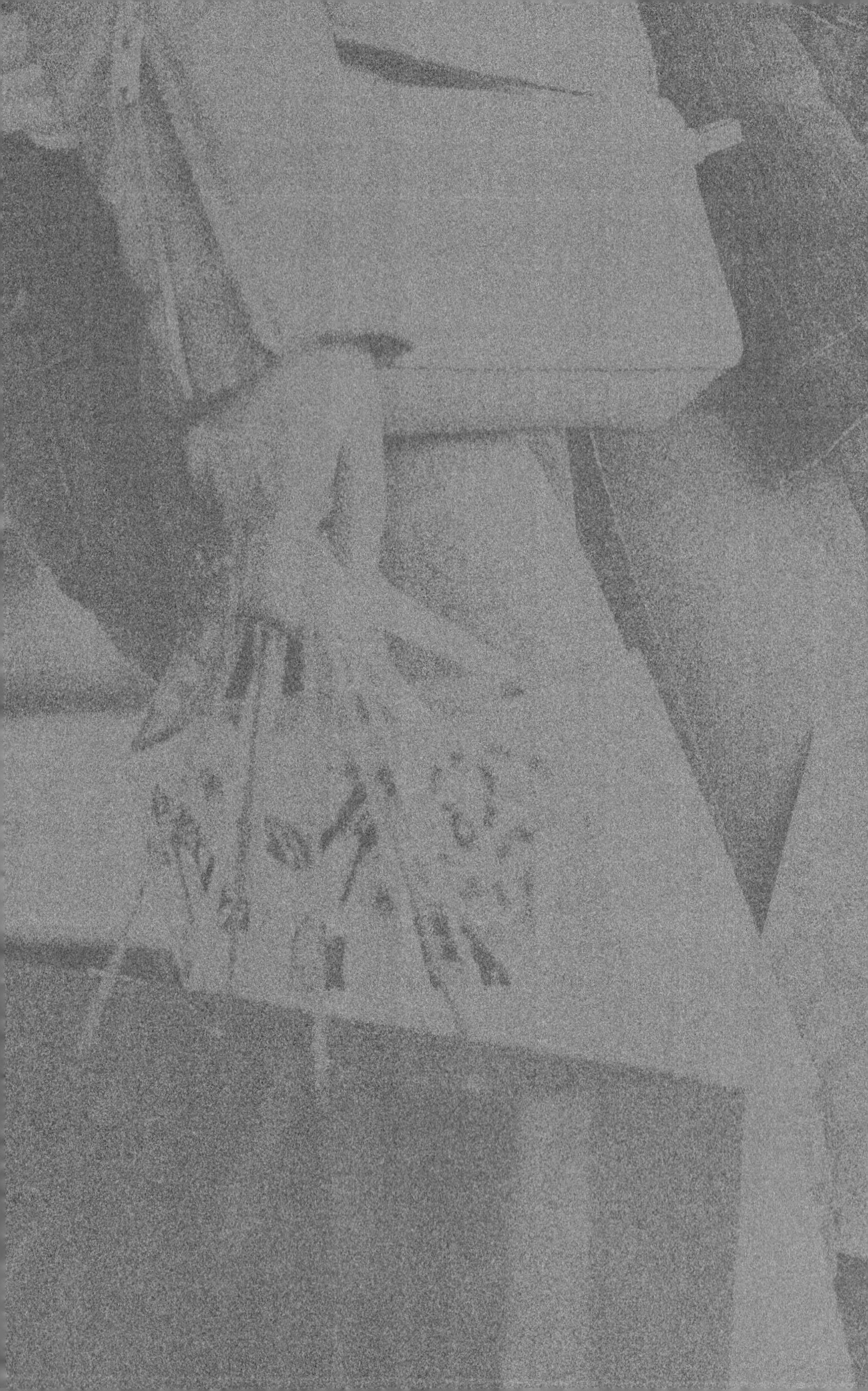

5

O consumo no mundo globalizado

Conteúdos do capítulo:

- Globalização e seu impacto no mundo.
- Mercado fragmentado e desterritorialização do consumo.
- Segmentação de mercado.
- Formação da identidade do consumidor.

Após o estudo deste capítulo, você será capaz de:

1. descrever como a globalização impacta o consumo;
2. identificar formas de segmentação de mercado;
3. reconhecer as possibilidades de formação da identidade do consumidor;
4. analisar as práticas situacionais de agremiação de consumidores.

Você já parou para pensar como seria se os filósofos do passado, como Marx, Descartes, Kant e Weber, vivessem em nossa época? O que eles diriam sobre o tempo atual, em que, de fato, somos cidadãos do mundo? Nunca antes em nossa história as distâncias foram diluídas graças à tecnologia. Viagens que duravam meses ou até anos podem, agora, ser feitas em algumas horas.

Com isso, além de uma maior possibilidade de aproximação entre as pessoas, há uma menor distância entre elas e o consumo. Faça um teste: escolha alguns produtos em sua casa; certamente, pelo menos um deles apresentará a frase *Made in China*. Isso é reflexo do que chamamos de *mundo globalizado*, que permite, afora as trocas comerciais entre países longínquos, a transmissão de conhecimentos e o acesso a outras culturas de uma forma que jamais se havia imaginado. Por exemplo, você pode estar no conforto de seu lar e, com seu *smartphone*, realizar uma compra em algum *site* europeu ou asiático.

Neste capítulo, discutiremos, portanto, como a globalização vem mediando nosso consumo. Por exemplo, Andrew Warhola Junior (1928-1987), mais conhecido como Andy Warhol, dizia que, no futuro, todos teriam 15 minutos de fama. Bem, com essa quebra de barreiras continentais, tornamo-nos, mais do que nunca, consumidores e exibicionistas do mundo.

5.1
Consumidores do mundo

Antes de abordarmos o fato de sermos consumidores do mundo, discorreremos um pouco sobre a globalização. Um dos primeiros autores a analisar esse fenômeno de integração econômica, social, cultural e política foi o sociólogo inglês Anthony Giddens (1938-).

> A "globalização" se refere àqueles processos, atuantes numa escala global, que atravessam fronteiras nacionais, integrando e conectando comunidades e organizações em novas combinações de espaço-tempo, tornando o mundo, em realidade e em experiência mais interconectado. A globalização implica um movimento de distanciamento da ideia sociológica clássica da "sociedade" como um sistema bem delimitado e sua substituição por uma perspectiva que se concentra na forma como a vida social está ordenada ao longo do tempo e do espaço. (Giddens, 1990, p. 64)

Por exemplo, os homens das cavernas eram nômades. Com o decorrer do tempo, eles passaram a se fixar em territórios, e essa prática foi o embrião das sociedades da época, as quais eram bem diferentes das da modernidade.

Na sociedade atual, ocorrem, inclusive, acordos internacionais de integração, como o Mercado Comum do Sul (Mercosul), um tratado criado com a intenção de fortalecer as relações políticas, econômicas e sociais entre as nações que integram o bloco e, assim, melhorar a qualidade de vida de seus habitantes. Em sua formação original, o Mercosul era composto de Brasil, Argentina, Paraguai e Uruguai, mas, posteriormente, a Venezuela foi agregada ao bloco, estando suspensa atualmente.

Outros exemplos de acordos internacionais de integração são a União Europeia (European Union – EU), que comporta 28 países europeus; o Tratado Norte-Americano de Livre Comércio (North American Free Trade Agreement – Nafta), que agrega México, Canadá e Estados Unidos; e o Acordo de

Cooperação Econômica Ásia-Pacífico (Asia-Pacific Economic Cooperation – Apec).

Logo, as regiões têm se unido em blocos tanto para motivações unicamente mercantis quanto culturais, sociais etc. Tais blocos fazem acordos entre si e, com isso, o consumo passa a ser compartilhado. Nesse sentido, aspectos como etnia e linguagem deixam de ter tanta importância.

Sobre isso, observe a seguinte reflexão de Burke (2003, p. 110):

> Comecei a pensar em termos de um público potencialmente global, imaginando se uma determinada afirmativa ou referência seria clara para leitores japoneses ou brasileiros. Ao fazer isso, parece que estou fazendo uma reconstrução de mim mesmo como cidadão do mundo, e tenho certeza de que não sou o único.

Com a globalização, as marcas se tornaram hipermarcas e passaram a se fazer presentes em diversos países. Logo, o comércio não envolve apenas as mercadorias, pois as marcas carregam consigo também suas culturas, seus valores e suas crenças. Por exemplo, na Índia, o McDonald's vende hambúrgueres de carnes diversas, mas não de vaca, já que este é um animal sagrado naquela nação. Em contrapartida, são comercializados hambúrgueres de massa de batata.

Outra visão dessa internacionalização são os hotéis Hilton, presentes em mais de 80 países, difundindo pelo mundo o *american way of life*, idealizado por Conrad Nicholson Hilton (1887-1979).

A globalização tem influenciado nosso modo de consumir e dado uma nova face aos territórios. Um exemplo disso é o McDonald's.

A rede formada pelos irmãos Richard James "Dick" McDonald (1909-1998) e Maurice James "Mac" McDonald (1902-1971), que depois ficou sob a regência de Raymond Alexander "Ray" Kroc (1902-1984), fincou suas lojas em quase todas as partes do mundo.

Um bom filme para se conhecer a história dessa rede de *fast-food* é *The Founder* (com título em português *Fome de poder*), lançado em 2016. Vale a pena assistir a esse longa, especialmente porque o McDonald's pode ser visto não apenas como uma empresa de mercado, mas também como exportador de cultura, o que envolve desde a forma de se fazerem negócios até as influências em estratégias de marketing – onde quer que esteja, essa marca sempre é lembrada.

Um dos efeitos do mundo globalizado é a possibilidade de consumirmos bens tangíveis e intangíveis oriundos de qualquer lugar do mundo. Estamos vivendo uma era em que parece não haver fronteiras para o consumo, o qual ocorre já apontando para o próximo consumo. O resultado disso é o consumismo, tema sobre o qual já conversamos anteriormente.

> O que é viver em um mundo sem fronteiras? Não tem fronteira a quem? A fronteira está no limite entre o poder e o não de consumir os produtos que são caracterizados como sinônimo de "bem-viver". Esta caracterização é corporificada em produtos e serviços através de valores intangíveis e emocionais. Os valores, criados pelo *marketing*, pelo *design* e pela propaganda, são transformados em algo tangível, comprável, adquirível. Nesse espaço, o consumismo é a chave para a satisfação. É a fantasia que se concretiza. E tudo isso, atualmente, de forma global e

rápida. Porque o consumo tem que ser rápido, para dar tempo da possibilidade de um novo consumo mais à frente. E, assim, o mundo gira... (Nojima; Almeida Junior, 2007, p. 96)

Assim, a globalização dos mercados, além das questões mercantis, gera impactos nas culturas nacionais e influencia as culturas locais, carregando consigo novos elementos, como fragmentação, fluidez e desterritorialização, por meio dos quais ultrapassamos os limites do consumo nacional para alcançar uma rede global de consumo. Um exemplo disso é o fato de que, na sociedade brasileira, no âmbito da publicidade e da gestão de marcas, as palavras estrangeiras têm bastante espaço – basta pensarmos nas propagandas que anunciam "70% *off*" em vez de "70% de desconto".

5.2
Fragmentação, fluidez e desterritorialização: implicações situacionais sobre o comportamento do consumidor

Quando pensamos em consumo fragmentado e desterritorializado, precisamos recorrer a Stuart Hall (1932-2014), sociólogo jamaicano que discutiu a fragmentação do sujeito. Segundo ele, essa fragmentação é constituída pela lógica inversa de uma cultura nacional e, principalmente, pelas misturas culturais oriundas da globalização, as quais têm influenciado a construção das identidades nacionais, levando-as, muitas vezes, a se desvincularem cada vez mais de suas origens (Hall, 2005).

Nesta obra, não adotaremos apenas a ideia de desterritorialização geográfica, em que uma população é excomungada de seu território. Nosso propósito é explicar o reflexo da perda de vínculos provocada por esse fenômeno, o que tem grande impacto sobre a identidade do consumidor, assunto de que trataremos adiante.

O consumo foi sendo constituído por outros valores, e serviu a saciar necessidades pessoais. Assim, a conexão entre consumo e território de consumo já não se dá como no passado. Atualmente, há necessidades que vão além das realidades locais; são necessidades globais, e as marcas sabem como fazer os consumidores se sentirem "em casa" mesmo que, de fato, não estejam em seus lares.

Bauman (2008, p. 57) aponta a transição de um estado de solidez para a fluidez no consumo: "Estamos agora passando da fase 'sólida' para a fase 'fluida'. E os 'fluidos' são assim chamados porque não conseguem manter a forma por muito tempo, e a menos que sejam derramados num recipiente apertado, continuam mudando de forma, sob a influência até mesmo das menores forças".

A desterritorialização moldou nossa relação com o consumo e a ideia que temos de território:

> A noção de território é entendida aqui num sentido muito amplo, que ultrapassa o uso que dela fazem a etologia e etnologia. Os seres existentes se organizam segundo territórios que os delimitam e os articulam aos outros existentes e aos fluxos cósmicos. O território pode ser relativo tanto a um espaço vivido, quanto a um sistema percebido no seio do qual um sujeito se sente "em casa". O território é sinônimo de apropriação, de subjetivação fechada sobre si mesma. Ele é o

conjunto de projetos e das representações nos quais vai desembocar, pragmaticamente, toda uma série de comportamentos, de investimentos, nos tempos e nos espaços sociais, culturais, estéticos, cognitivos. (Guattari; Rolnik, 2013, p. 323)

Na esteira dos conceitos de Guattari e Rolnik (2013), Canclini (2008, p. 203) explica a nova relação entre consumo e território:

> Os novos cidadãos da era global estão agora imersos num universo de produtos culturais cada vez mais vasto e provenientes de diversas partes do mundo. A forte referência e influência do nacional, do "típico", vão se enfraquecendo. Há agora uma mudança nos termos e nos referenciais. A "universalização das coisas", digamos assim, acarreta mudanças não só na forma de consumir cultura, mas também, e principalmente, no imaginário dos cidadãos, na forma como eles se reconhecem enquanto pertencentes a uma nação, a uma cultura, a uma dada realidade, uma vez que os conteúdos midiáticos influem na construção da identidade. Esse é um dado importante, pois se percebe aí que a forma de exercício da cidadania perpassa por essas transformações e construções simbólicas.

Podemos analisar o conceito de desterritorialização considerando os processos pelos quais passou a telefonia brasileira nos últimos anos. Caso você seja muito novo e não se recorde disso, questione algum consumidor desse serviço na década de 1990. Mas, se você vivenciou o início da telefonia no país, certamente se lembrará de alguns fatos.

Nos anos 1990, ter um telefone fixo em casa não era tão simples, pois, além de custar muito caro, levava-se muito tempo para conseguir uma linha própria. No entanto, as privatizações oportunizadas pelo governo Fernando Henrique

Cardoso (1931-) transformaram a forma de comercialização e consumo desse serviço, que, de uma visão de serviço estatal, voltou-se para o mercado com venda em larga escala, buscando a expansão por diversos territórios. Muitas dessas empresas – que foram adquiridas por organizações estrangeiras, como a espanhola Telefônica, que comprou a Telesp, no estado de São Paulo – trouxeram ao país sua lógica de operação mercadológica. Posteriormente, com a oferta de telefonia móvel, o celular, tal expansão se tornou mais ampla.

No Brasil, Renato José Pinto Ortiz (1972-) foi um dos pensadores dessa temática. Para esse sociólogo, do consumo global emerge a ideia de uma memória internacional, e o reflexo disso é uma cultura "mundo-mundo" (Ortiz, 1994, p. 134), uma cultura imaginária que se refere a um mundo de nenhum lugar.

Para entender melhor essa ideia, examinamos alguns exemplos.

No Brasil, em uma época não muito distante, todas as etapas do processo de produção de veículos automotivos eram realizadas em território nacional. Atualmente, os carros são montados em nosso país, mas com peças produzidas em diversos lugares do mundo.

Outro exemplo interessante é a Nike. Sabia que essa empresa não tem nenhuma fábrica própria nos Estados Unidos? Além disso, muitos de seus produtos são oriundos do Vietnã, os quais, posteriormente, recebem em seus *designs* e em suas embalagens a logomarca da empresa.

Até agora, trabalhamos para provocar em você uma reflexão acerca do território e de como ele impacta a vida social.

Como o consumo está na realidade social, o território é o que o demarca. No que tange a essa temática, podemos ainda recorrer a autores-chave, como os filósofos Gilles Deleuze (1925-1995) e Félix Guattari (1930-1992), que, além da visão geográfica, inscrevem em seu rizoma[1] outros conceitos simbólicos na constituição dos territórios:

> Jamais nos desterritorializamos sozinhos, mas no mínimo com dois termos: mão-objeto de uso, boca-seio, rosto-paisagem. E cada um dos dois termos se reterritorializa sobre o outro. De forma que não se deve confundir a reterritorialização com o retorno a uma territorialidade primitiva ou mais antiga: ela implica necessariamente um conjunto de artifícios pelos quais um elemento, ele mesmo desterritorializado, serve de territorialidade nova ao outro que também perdeu a sua. Daí todo um sistema de reterritorializações horizontais e complementares, entre a mão e a ferramenta, a boca e o seio. (Deleuze; Guattari, 1995, p. 41)

Perguntas & respostas

A desterritorialização é uma ação individual ou social?

A ideia de se desterritorializar nunca será uma ação individual, mas social, bem como a ideia de consumo e os motivos pelos quais consumimos. Dessa forma, trata-se de uma realidade de nossa sociedade, dita *pós-moderna*, que a torna fluida e sem as raízes culturais originais, pois é uma raiz internacional. Nojima e Almeida Junior (2007, p. 105) mencionam que a

---

[1] Na teoria de Deleuze e Guattari, *rizoma* se refere à ideia de conexão dos pensamentos, em uma vertente epistemológica. Para exemplificar, considere a raiz de uma grande árvore. Porém, não pense em uma raiz que cresce de forma organizada; pelo contrário, ela avança no subsolo de maneira desorganizada, horizontalmente, sem direção clara, mas afetando outros elementos.

globalização é, então, uma força poderosíssima que dita as novas regras do mercado global. Tem como ponto de apoio o consumo sem fronteiras e a dominação cultural, caracterizando a desterritorialização de culturas mais frágeis ou Estados-nações economicamente mais pobres, como, por exemplo, o caso dos países latino-americanos perante o poder imperial estadunidense.

Assim, podemos assumir que a cultura vem sendo importada e exportada de e para diversas partes do mundo, o que influencia o consumo e os novos entendimentos sobre a concepção de **identidade** do consumidor. Em outros tempos, consideravam-se as realidades locais de cada consumidor. Sem dúvida, como discutimos no Capítulo 4 e ainda abordaremos no capítulo seguinte, a mídia tem, na atualidade, papel central nessa desterritorialização de culturas e no ato de consumir.

5.3
Identidade do consumidor e como/por que o classificamos

O que somos? Será que, de fato, somos o que pensamos ser ou somos como as pessoas na sociedade nos veem? Falarmos de identidade sem considerar o aspecto social é impossível, pois é ele que nos molda. Nossa visão vai ao encontro da ideia, amplamente difundida, de Jean-Jacques Rousseau (1712-1778): nascemos livres, mas é o meio que efetivamente nos molda (Rousseau, 1996).

Bauman (2008, p. 25) menciona que "perguntar 'quem você é' só faz sentido se você acredita que possa ser outra coisa além de você mesmo; só se você tem uma escolha, e só se o que você escolhe depende de você". Na esteira dessa concepção, Hall (2005, p. 7) faz a seguinte consideração sobre identidade:

> A questão da identidade está sendo extensamente discutida na teoria social. Em essência, o argumento é o seguinte: as velhas identidades, que por tanto tempo estabilizaram o mundo social, estão em declínio, fazendo surgir novas identidades e fragmentando o indivíduo moderno, até aqui visto como um sujeito unificado. A assim chamada "crise de identidade" é vista como parte de um processo mais amplo de mudança, que está deslocando as estruturas e processos centrais das sociedades modernas e abalando os quadros de referência que davam aos indivíduos uma ancoragem estável no mundo social.

Se somos seres sociais, nossa identidade é mediada pelo social, e isso reflete em nosso consumo. Então, como indica Bauman (2008), nós formamos uma espécie de sociedade sem rosto. Para exemplificar, o autor cita o escritor alemão Siegfried Kracauer (1889-1966), para quem damas e cavalheiros iam ao salão de beleza tingir seus cabelos para não parecerem obsoletos diante da sociedade.

As pessoas, portanto, vivem de acordo com sua esfera social. De diversas formas, somos ensinados a nos comportar conforme dita nossa esfera social, e a maneira de consumir reflete nossa harmonia e nosso lugar na sociedade – obviamente, estamos nos referindo à sociedade de consumo. As marcas, com suas identidades, buscam ser o espelho da identidade social. Afinal, ter uma camisa com um jacaré[2] diz muito sobre a personalidade do consumidor, não é mesmo?!

Ainda sobre esse assunto, Hall (2005, p. 13) esclarece que a

> identidade plenamente unificada, completa, segura, e coerente é uma fantasia. Ao invés disso, à medida que os sistemas de significação e representação cultural se multiplicam, somos confrontados com uma multiplicidade desconcertante e cambiante de identidades possíveis, com cada uma das quais poderíamos nos identificar.

Não por acaso, Kotler e Keller (2012) afirmam que a identidade de uma marca representa a forma como uma empresa se posiciona diante de seu público, gerando, assim, uma imagem percebida, a qual reflete o que o consumidor espera ao utilizar certos produtos.

Também não é à toa que as marcas se utilizam de heróis e personalidades para se promoverem. Aliás, será que Martin Luther King Jr. (1929-1968), Albert Einstein (1879-1955) e Mahatma Gandhi (1869-1948) aprovariam ter suas imagens na propaganda *Think Different*, da Apple[3], em 1997? Será que, de fato, gostariam de ser identificados com uma megaorganização mercantilista?

---

[2] Em referência à marca francesa de moda Lacoste, fundada em 1933.

[3] A propaganda pode ser assistida na íntegra no seguinte endereço eletrônico: <https://www.youtube.com/watch?v=cFEarBzelBs>. Acesso em: 10 out. 2018.

5.3.1
Forças macroambientais no consumo e segmentação de mercado

Na seara das discussões sobre a identidade do consumidor global, Kotler e Keller (2012) inserem os conceitos de fatores macroambientais que têm reflexo na oferta do produto e em sua concepção. Conhecer esses ambientes e suas influências é necessário para uma posterior análise da ideia de segmentação de mercado.Observe, no Quadro 5.1, uma breve descrição dos fatores macroambientais sobre os quais debateremos na sequência.

Quadro 5.1 Fatores macroambientais

Ambiente	Descrição
Econômico	Os mercados requerem poder de compra. Para isso, dependem da renda, dos preços, do endividamento, da poupança e da disponibilidade de crédito.
Demográfico	Os mercados podem ser interessantes em virtude do tamanho e do crescimento das populações em diversas cidades, regiões e países. Consideram-se, ainda: a distribuição das faixas etárias; a composição étnica; os níveis de instrução; os padrões familiares; as características dos movimentos geográficos.
Natural	Com a deterioração do ambiente natural, existe uma grande preocupação com a poluição do ar e a escassez da água. Isso abrange outros setores, podendo provocar ameaças relativas a quatro tendências: escassez de matérias-primas; custo elevado de energia; níveis mais altos de poluição; mudança de atitude dos governos.
Tecnológico	A tecnologia tem afetado profundamente a vida das pessoas, com oportunidades ilimitadas para a inovação, tais como a biotecnologia e a robótica. Além disso, ela possibilita uma comunicação mais próxima entre cliente e empresa.

(continua)

(Quadro 5.1 – conclusão)

Ambiente	Descrição
Político-legal	Esse ambiente é composto por leis, agências governamentais nacionais e internacionais e grupos de pressão que influenciam e limitam as organizações e os indivíduos.
Sociocultural	A sociedade molda as crenças, os valores e as regras que as pessoas inconscientemente assimilam. E é isso que define o seu relacionamento consigo e com os outros: a persistência dos valores culturais centrais, a existência de subculturas e as mudanças dos valores culturais secundários ao longo do tempo.

Fonte: Elaborado com base em Kotler; Keller, 2012, p. 80-86.

Note que só agora, no cerne da discussão sobre globalização, mencionamos esses fatores macroambientais. Assim, abandonamos aquele olhar ingênuo que nos fazia crer que apenas fatores internos pautam nosso cotidiano.

Nosso consumo precisa ser pensado adotando-se uma perspectiva global, pois há uma mútua influência no consumo global, mesmo que algumas nações sejam mais influentes que outras. Por exemplo, na esfera econômica, o Fundo Monetário Internacional (FMI) atua concedendo algumas diretivas e influenciando as ações de vários governos.

Também não podemos deixar de considerar a influência que o cinema exerce nas culturas mundo afora. Lembre-se de algum filme de grande sucesso e procure recordar quantas marcas você viu nele – por exemplo, nas roupas dos personagens ou nos locais que eles frequentavam.

Certamente, tais elementos exercem enorme influência sobre as práticas de consumo, desde a concepção de cultura até os fatores psicológicos.

Confira no Quadro 5.2 os fatores envolvidos no processo de decisão de compra, os quais influenciam o comportamento do consumidor.

Quado 5.2 Processo de decisão de compra com base em fatores de influência

Fatores culturais	Fatores sociais	Fatores pessoais	Fatores psicológicos	
Culturas Subculturas Classes sociais	Grupos de referência Família Papéis e posições sociais	Idade e estágios do ciclo de vida Ocupação Condições econômicas Estilo de vida	Motivação Percepção Aprendizagem Crenças e atitudes	Comprador

Fonte: Tavares, 2012.

Os fatores culturais, ao lado dos sociais, moldam a percepção que o consumidor tem de si e de seu entorno; do papel que ocupa na sociedade; de como é sua estrutura familiar; de como foi educado para o consumo de forma **identitária**; e de que maneira isso é transferido para seus valores pessoais e psicológicos (estilo de vida, renda, percepções e atitudes).

Relato pessoal

Antes de casar e ter filhos, nunca pensei em ter um seguro de vida; afinal, se eu partisse desse mundo, acreditava que só restaria a minha lembrança. Antes de constituir família, ninguém dependia de mim. Hoje, minha percepção, meu processo de aprendizagem e minhas crenças são diferentes, pois, quando eu vier a falecer, não poderei deixar minha família desamparada – isso se reflete no consumo de um serviço cujo principal benefício, ao menos financeiro, é entregue após a morte. Porém, minha satisfação na

> aquisição desse serviço é a tranquilidade de que, se algo acontecer, tudo estará bem ou minimamente organizado para quem ficar.

Atualmente, as empresas têm observado e estudado o comportamento do consumidor. Voltamos à ideia não mais de um marketing de massa, mas de um marketing focado em segmentos.

Um exemplo é a Coca-Cola Company. No passado, a empresa, cujo marketing se voltava ao público geral, vendia apenas refrigerantes em garrafas de 250 mililitros. Porém, ao longo dos anos, ela passou a oferecer refrigerantes em embalagens de diversos tamanhos, bem como sucos, chás, isotônicos, entre outros produtos, a fim de atender a pessoas com necessidades distintas.

De forma análoga, no âmbito dos serviços, podemos pensar em uma rádio que, ao conhecer seus ouvintes, cria uma programação diversificada, com programas direcionados a determinados públicos e levando em consideração a grade horária.

De modo tradicional, as empresas utilizam estratégias de **segmentação de mercado**. Isso quer dizer que elas fazem uma seleção de grupos de consumidores com necessidades, desejos e expectativas semelhantes e específicos e que justifiquem a elaboração de um composto de marketing com características também particulares.

Para caracterizar um segmento, é importante que as preferências dos consumidores, bem como as respostas deles aos estímulos de marketing, sejam similares (Churchill Junior; Peter, 2006; Kotler; Keller, 2012). Solomon (2016, p. 8) assevera que "as empresas conseguem satisfazer essas necessidades somente quando compreendem as pessoas ou as organizações que usarão os produtos e serviços que estão tentando vender". Para isso, elas dividem o mercado e buscam atingir determinados grupos.

A Figura 5.1 apresenta o processo de consumo, pelo qual as empresas tendem a alinhar as perspectivas do consumidor às dos profissionais de marketing, ou seja, colocar um sob a lente do outro.

Figura 5.1 Estágios do processo de consumo

	PERSPECTIVA DO CONSUMIDOR	PERSPECTIVA DOS PROFISSIONAIS DE MARKETING
QUESTÕES PRÉ-COMPRA	Como um consumidor constata que precisa de um produto? Quais são as melhores fontes de informação para saber mais sobre outras opções?	Como as atitudes do consumidor são formadas e/ou modificadas? Que pistas os consumidores utilizam para identificar quais produtos são superiores aos outros?
QUESTÕES DE COMPRA	A aquisição de um produto é uma experiência estressante ou agradável? O que a compra diz sobre o consumidor?	De que forma os fatores situacionais, como falta de tempo ou os mostruários das lojas, afetam a decisão de compra do consumidor?
QUESTÕES PÓS-COMPRA	O produto traz satisfação ou desempenha a função pretendida? Como o produto é finalmente descartado e quais são as consequências desse ato para o meio ambiente?	O que determina se um consumidor ficará satisfeito com um produto e voltará a comprá-lo? Essa pessoa conta aos outros sobre suas experiências com o produto e influencia as decisões de compra deles?

Fonte: Solomon, 2016, p. 7.

As empresas buscam um grupo identificável de consumidores que reajam de forma positiva às suas estratégias, com a possiblidade de agregar, em um mesmo segmento, consumidores com interesses similares. Assim, elas precisam entender, por exemplo, como os clientes criam suas expectativas e percepções de compra; quem eles escutam, ou seja, quem os influencia; e como a exposição do produto pode ser decisiva na hora da escolha. Por mais que pareça uma ciência exata, não é tão simples assim, pois, em um mesmo grupo, pode haver motivações diferentes para o consumo.

O Quadro 5.3 representa uma forma tradicional de segmentação. Repare que, se novamente estamos empregando o termo *tradicional*, mais adiante discutiremos outras searas.

Quadro 5.3 Tipos de segmentação

Segmentação	Explicação
Geográfica	Essa segmentação do mercado se dá em unidades geográficas, ou seja, as empresas diferenciam geograficamente seus mercados conforme as regiões onde decidem operar. Muitas vezes, levam-se em consideração o clima e os hábitos de cada região.
Demográfica	Tal segmentação ocorre por diferenciação em variáveis como idade, sexo, faixa etária, etnia, estado civil e estágio do ciclo de vida. Nesse caso, consideram-se as distinções entre sociedades e entre as pessoas que nelas se situam.

(continua)

(Quadro 5.2 - conclusão)

Segmentação	Explicação
Psicográfica	A segmentação se baseia nas várias necessidades em virtude de diversos estilos de vida ou personalidades, o que guarda diferenças com relação à forma como as pessoas conduzem suas vidas. Esse modo de segmentação é muito útil, pois vai além das características geográficas e demográficas, as quais, isoladamente, têm poder de segmentação menor. Por exemplo, uma empresa segmenta seu mercado considerando jovens de 13 a 18 anos da classe B e da Região Centro-Oeste do Brasil. Porém, a depender do produto ofertado, essa segmentação é insuficiente, pois, nessa classe social, nessa faixa etária e nessa região, há diversos grupos com estilos de vida diferentes e que consomem produtos radicalmente distintos (surfistas, esportistas, vegetarianos etc.).
Por benefício	Essa segmentação leva em conta os benefícios que o comprador pode procurar num produto em particular. No tocante a um mesmo produto, grupos de consumidores diferentes podem valorizar benefícios também distintos. Por exemplo, algumas pessoas compram um carro pela segurança de seu sistema de freios; outras, pela aparência do veículo (esportivo, clássico etc.) ou por seu desempenho no que diz respeito à velocidade; e outras, ainda, pelo *status* que a marca ou o modelo do carro podem conferir ao dono.
Comportamento de consumo	Tal segmentação considera grupos que reagem de modo específico a diferentes fatores de marketing (produto, preço, distribuição, promoção etc.), apresentando comportamentos de consumo diferentes. Cada grupo de consumidores valoriza de uma forma as ações feitas em relação às variáveis de marketing. É por isso que muitas pessoas são atraídas por promoções, enquanto outras compram produtos de determinada marca/empresa mesmo que a concorrência ofereça promoções. Da mesma forma, há grupos que reagem de formas diferentes à propaganda, havendo aqueles que são mais suscetíveis ou sensíveis a ela.

Fonte: Elaborado com base em Kotler; Keller, 2012; Solomon, 2016; Cobra, 2003; Churchill Junior; Peter, 2006.

Com base nesses diferentes tipos de segmentação, as empresas podem focar públicos específicos, para, assim, conhecer a fundo os fatores culturais, sociais e psicológicos em virtude dos quais o cliente realiza sua compra. Nesse sentido, visa-se à criação de uma identificação local com o consumo, ou seja, espera-se que um consumidor de determinada região regule seu consumo de acordo com seus costumes.

> Nossa sociedade está evoluindo de uma cultura de massa, em que muitos consumidores têm as mesmas preferências, para uma cultura diversa, em que temos uma quantidade quase infinita de opções – basta pensar em quantas tonalidades de batom ou estampas de gravata disputam sua atenção. Com essa mudança tornou-se mais importante do que nunca identificar segmentos de mercado distintos e desenvolver mensagens e produtos especializados para esses grupos. (Solomon, 2016, p. 8)

Lembra-se de que mencionamos uma forma tradicional de segmentação de mercado? Em nossa opinião, muito mais do que dividir o mercado por territórios, renda, idade etc., as empresas devem entender para quem estão produzindo seus produtos e como estão gerando valores (Osterwalder; Pigneur, 2011). Por exemplo, podemos imaginar que o mercado de *games* pode atender tanto ao público jovem quanto ao idoso. Diferentemente do que ocorria décadas atrás, atualmente há maior expectativa de vida, e, em geral, os idosos da atualidade têm mais renda do que os de antigamente. Então, a grande questão é: Como elaborar uma estratégia de comercialização de *games* com foco nos idosos? Convém lembrar que, ao contrário do que ocorria no passado, o consumidor passou a ser amplamente influenciado pela cultura global.

Estudo de caso

Adalberto Juliatto, Augusto Tortato e Lis Claudia Ferreira discorrem sobre a tecnologia *streaming*, que vem mudando a forma como a sociedade consome entretenimento (filmes, músicas, séries etc.).

> Grande estudioso da sociedade contemporânea, o filósofo polonês Zygmunt Bauman defendia que não se pode escapar do consumo. Somos parte da sociedade que vive o ápice da globalização. Comprar é tão fácil quanto descartar e ter está mais ligado a uma definição de identidade do que ao suprimento de necessidades.
>
> E, se não é possível fugir do consumo, mais difícil ainda é tentar conter as mudanças na forma de consumir. A tecnologia muda a cada dia a forma como serviços e produtos são oferecidos, alterando também a importância dos produtos na vida das pessoas. Quem de nós já não se pegou admirando um orelhão, por exemplo? Não estamos tão longe do período no qual muitas pessoas precisavam sair de casa, comprar um cartão (ou ficha, se quiser pensar mais alguns anos atrás) e esperar na fila para utilizar o telefone público. Porém, o consumo de serviço de comunicação via telefonia mudou tanto em tão pouco tempo, que um orelhão parece jurássico.
>
> Um dos setores que mais apresenta mudanças é o do entretenimento midiático. A distribuição por streaming já é parte da vida de uma grande parcela da população e quem não usa vai usar em breve. O streaming é uma tecnologia que envia informações multimídia, através da transferência de dados, utilizando para

isso redes de computadores, especialmente a internet. Traduzindo: Netflix, Spotify, HBO Go, Telecine Play e até mesmo o Youtube são exemplos de serviços de streaming.

A distribuição de filmes, séries, músicas e até programas jornalísticos por meio de streaming não apenas mudou a forma como esses produtos chegam até nós, ela alterou também a experiência que se tem ao consumir isso tudo.

Quando eu indico uma série a algum amigo, já espero a pergunta que se tornou de praxe: Tem na Netflix? A TV a cabo já não é vista como opção prática para o consumo de séries e filmes. Uma das causas desse fenômeno é o fato de na TV, diferente de serviços como Netflix e suas concorrentes Amazon e Hulu, é preciso se submeter ao horário estabelecido na grade do canal. No mundo de hoje, que anda na velocidade de um instante, ter o poder de escolha com relação ao horário para assistir determinado programa é um grande motivador na escolha do produto.

Essa busca por praticidade se mostra bastante positiva no combate à pirataria. Assim como as pessoas não têm paciência para assistir seus programas nos horários impostos pelos canais, elas também não querem ter o trabalho de baixar produtos com qualidade ruim e arriscando contaminar os aparelhos com vírus. (Juliatto; Tortato; Ferreira, 2017)

Esse trecho elucida as transformações pelas quais a indústria do consumo passou nos últimos anos. Dependendo de sua idade, talvez você nunca tenha alugado um filme em VHS em uma locadora. Entretanto, se o tiver feito, provavelmente concordará que a mensalidade da Netflix – que oferece um enorme acervo de filmes, séries, documentários etc. – equivale à locação de, no máximo, cinco filmes. Certamente, o serviço de *streaming* veio para tomar o lugar das locadoras.

Síntese

Neste capítulo, avançamos no entendimento sobre o consumo e como ele modera a sociedade. Discutimos a influência da globalização nos mercados, em virtude da qual eles passaram a importar e exportar não apenas seus ideais econômicos, mas também políticos, legais, culturais etc.

Assim, destacamos que algumas das consequências da globalização para o mercado são a desterritorialização, a fragmentação e a fluidez no consumo. Também enfatizamos que as mudanças propiciadas pela forma de agir no mercado global são provocadas pela globalização. Além disso, na seção "Estudo de caso", revelamos como empresas como a Netflix vêm crescendo no mercado, a exemplo do YouTube, que acabou tomando o lugar de emissoras destinadas à veiculação de material audiovisual, como a MTV.

Por fim, debatemos a identidade dos sujeitos sociais, que está sendo moldada pelo consumo, bem como as práticas mercantis, as quais nos fazem refletir sobre como o "querer e ter" está, a cada dia, mais presente em nossa sociedade.

Questões para revisão

1) A empresa Império do Sorvete, localizada em Brotas, no interior de São Paulo, pretende abrir um canal de vendas no Rio de Janeiro, tendo em vista as altas temperaturas do verão carioca. Renan Freitas, o diretor de marketing,

sabe que, antes de iniciar a implantação desse canal, ele deve conhecer bem as características macroambientais da Cidade Maravilhosa, pois pode haver diferenças entre a vida no Rio de Janeiro e a em Brotas, onde a marca detém 80% do mercado consumidor.

Com relação à análise macroambiental demográfica, qual situação a empresa poderá encontrar?

a) Uma lei de incentivo ao comércio.
b) Muitas pessoas que são naturais de Brotas.
c) Muitas pessoas com renda salarial acima de R$ 8.000,00.
d) Uma nova máquina de produção de sorvetes.
e) Pessoas que, por motivos religiosos, não consomem sorvete.

2) Avalie as assertivas a seguir e a relação entre elas.

I) A globalização dos mercados, para além das questões mercantis, causa impactos nas culturas nacionais.

PORQUE

II) A globalização gera fragmentação, fluidez e desterritorialização.

A respeito dessas asserções, assinale a opção correta:

a) As assertivas I e II são excludentes.
b) A assertiva II contraria a ideia expressa na assertiva I.
c) A assertiva I é uma proposição falsa, e a II é verdadeira.
d) As duas assertivas são verdadeiras, e a segunda justifica e complementa a primeira.
e) As duas assertivas são verdadeiras, mas a segunda não justifica a primeira.

3) Toda a programação da rádio Bom Dia, situada em Osasco, na região metropolitana de São Paulo, é voltada para mulheres: aposentadas, divorciadas, viúvas ou com mais de 65 anos. O programa de maior audiência é o "Jovem Guarda, Jovem Magia". A que tipo de segmentação essa rádio recorreu?
   a) Geográfica.
   b) Psicográfica.
   c) Demográfica.
   d) Por benefício.
   e) Comportamento de consumo.

4) A globalização é um fenômeno de integração econômica, social, cultural e política. Dessa maneira, exerce grande impacto na forma como consumimos. Descreva e explique ao menos um desses impactos no consumo.

5) As empresas assumem que os mercados não são homogêneos e, assim, utilizam a estratégia de segmentá-lo segundo diversos fatores. Explique a lógica dessa segmentação.

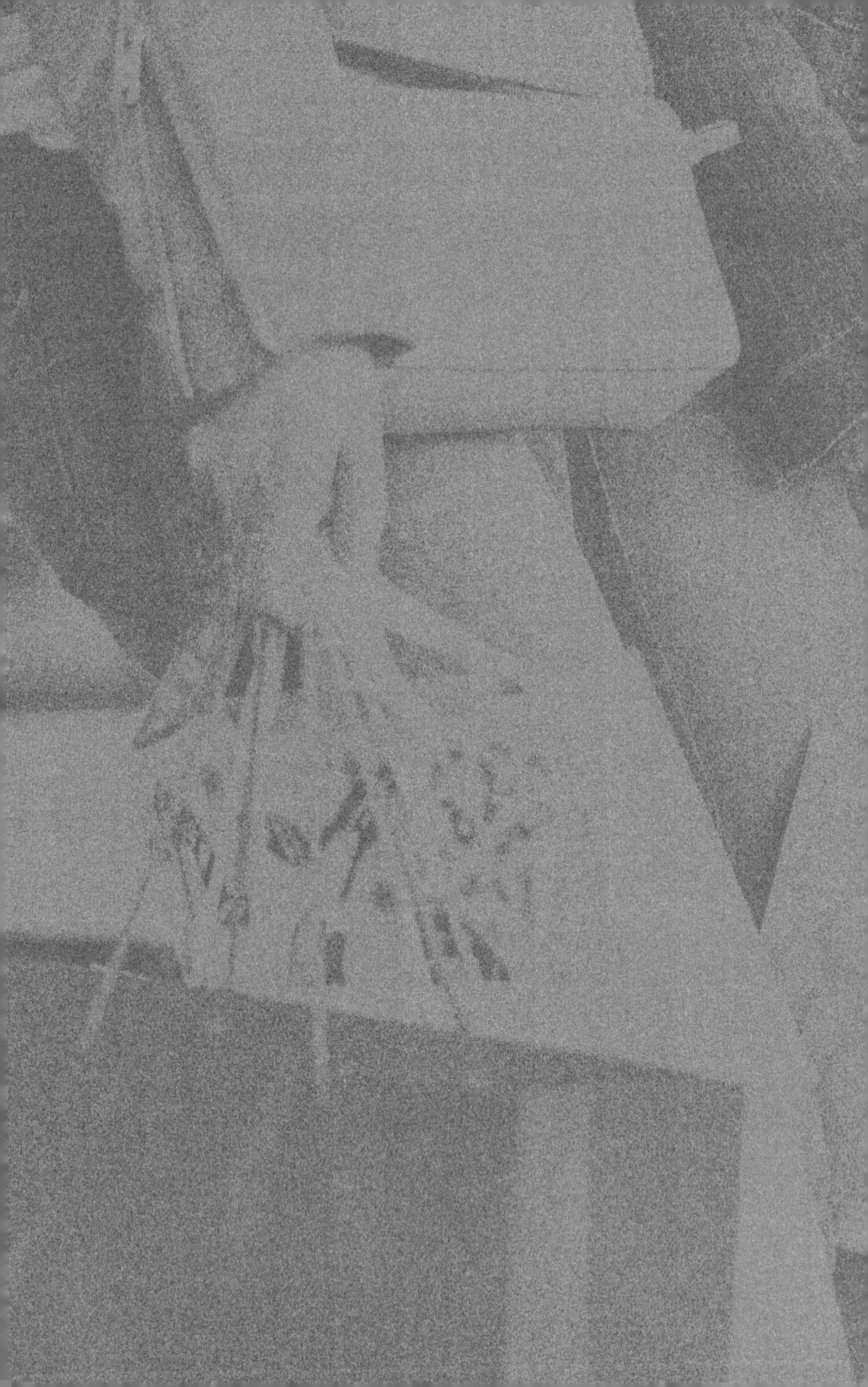

6

Consumo: vilão ou mocinho?

Conteúdos do capítulo:
- A mídia e sua influência no consumo.
- O que é um prossumidor.
- A era das redes sociais.
- O agir ético na comunicação de consumo.

Após o estudo deste capítulo, você será capaz de:
1. explicar como a mídia influencia o consumo;
2. reconhecer os novos prossumidores;
3. analisar como as redes sociais vêm se tornando o palco do consumo;
4. identificar as axiologias éticas que envolvem a promoção dos produtos e serviços.

Se estivéssemos construindo uma casa, estaríamos, nesse momento, na fase dos revestimentos e acabamentos, pois, neste capítulo, discutiremos, de modo pontual, o papel da mídia e sua influência no consumo. Examinaremos os meios de comunicação e a nova realidade virtual proporcionada pelas redes sociais.

Essa nova realidade muito se afastou das práticas antigas. Na década de 1990, por exemplo, uma alternativa para se descobrir algo sobre alguém eram os cadernos de confidência. Muito comuns entre os estudantes daquela época, tais cadernos eram repletos de perguntas pessoais, as quais eram respondidas, por escrito, por diversos indivíduos. Atualmente, porém, para se obter informações sobre determinada pessoa, basta acessar o perfil dela em alguma rede social, como o Facebook.

O título deste capítulo é resultado de algumas reflexões em conjunto com o professor Alexandre Correia dos Santos, coordenador do curso de Publicidade e Propaganda do Centro Universitário Internacional Uninter. Debatemos, por diversas vezes, algumas relações entre as empresas, suas propagandas e os hábitos dos consumidores. Por exemplo: Será que as propagandas de cerveja são realmente culpadas pelo aumento do consumo dessa bebida? E, ainda, será que a Tramontina deveria ser processada cada vez que uma pessoa se cortasse com uma faca?

Neste capítulo, então, analisaremos a influência da mídia no consumo.

6.1
A influência midiática nas relações de consumo

No **mix de marketing** (4Ps) apresentado por Kotler e Keller (2012), o P referente à comunicação entre a empresa e a sociedade consumidora é representado por *promoção*. Nesse P, concentram-se as ferramentas para a idealização e a utilização do **meio** pelo qual chega a mensagem.

Você certamente tem um programa de rádio ou de televisão favorito, bem como uma rede social, produtos e serviços de preferência. Esse favoritismo se deve à estratégia de comunicação adotada pelas empresas.

Os meios de difusão de informações moldam a forma como consumimos. Nesse sentido, Martins e Martins (2016, p. 46-47) afirmam que a

> mídia tem papel relevante na circulação da produção material e simbólica. No Brasil, se mostram grandes aliados na difusão e perpetuação do consumo, em especial a televisiva, que se mostra como grande articuladora do modo com que os indivíduos consomem, por lançar tendências, valores e estilos de vida para os telespectadores, por ser um veículo que transmite, além de som, imagem, o que reforça a assimilação do que está sendo comunicado.

Dessa maneira, os veículos de comunicação produzem efeitos no consumo de modo espetacular; desde pequenos, somos impactados pela mídia, tal qual foram nossos pais, e, assim, vamos criando nosso caráter consumidor. A mídia é a grande ferramenta que atua para motivar consumo. Não podemos nos esquecer do processo de compra, por meio do qual somos bombardeados com diversas informações sobre os produtos, com a ideia de que eles são de extrema importância para nossa vida.

Com isso, entendemos que a mídia tem influenciado nosso modo de agir na sociedade por meio do consumo, possibilitando a formação de nossa identidade, que é espelhada no meio em que vivemos e se reflete em nossa cultura e nossos valores.

> Toda publicidade, portanto, é de algum modo tendenciosa, na medida em que informa com a finalidade específica de vender, de fixar uma marca ou até mesmo criar estilos de vida (e não desinteressadamente). Na comunicação publicitária sabemos que a informação não se reveste de neutralidade; ela é sempre sugestiva para atingir o seu objetivo de compra, o que, na sociedade moderna, leva-nos a reconhecer uma certa sobreposição da função persuasiva à informativa, natural dessa técnica de mercado. (Dias, 2010, p. 28)

Essa tendenciosidade da propaganda significa que, com o uso dos meios de comunicação, as empresas deixam de buscar apenas espaços no mercado e passam a focar diretamente a mente do consumidor (Levy, 2003). Na Alemanha do século XX, era possível perceber o poder da propaganda na mente das pessoas, sendo Paul Joseph Goebbels (1987-1945) o responsável pelas propagandas nazistas.

Como afirmamos nos capítulos anteriores, somos sujeitos sociais e, como tais, somos influenciados pelo meio, incluindo a mídia. Afinal, é graças a ela que se proliferam a indústria cultural e a oferta de produtos que prometem proporcionar felicidade, ainda que momentânea.

Você deve lembrar que, em 2016, a Coca-Cola lançou uma campanha em que havia nomes de pessoas nas latas de refrigerante. Essa estratégia de marketing é citada na canção "Cadeira de aço", gravada e interpretada pelos cantores Zé Neto e Cristiano, de São José do Rio Preto, no interior de São Paulo. Na letra, o eu lírico comenta que o nome escrito na lata de refrigerante é o mesmo da amada e isso desperta nele grande saudade.

A letra da canção ilustra a interconexão entre o consumo e a indústria cultural. A campanha da Coca-Cola incentivava a compra muitas vezes não pelo produto, mas pelos nomes nas latas. Quanto à música, há milhares de pessoas impactadas pela letra e que a cantam sem se dar conta de seu conteúdo, repetindo o nome da marca.

As mídias ditas tradicionais, como televisão e rádio, tiveram e têm papel ativo na difusão do consumo, tanto por meio de intervalos comerciais quanto dos programas que veiculam. Martins e Martins (2016) ressaltam que as telenovelas causam um grande impacto no consumo. Não à toa, o Grupo Globo tem uma loja virtual que comercializa os produtos que aparecem em seus programas – por exemplo, o roupão do líder do Big Brother Brasil (BBB). Segundo Castilho e Martins (2005, p. 22), "As mídias especializaram-se cada vez mais em construir mundos perfeitos, possíveis, desejáveis, prováveis, e tantos outros nos quais se espelham os sujeitos e seus destinatários".

Assim, a mídia tem papel decisivo ao informar ao espectador o que comprar, vestir e comer, como se relacionar etc. Jürgen Habermas (citado por Levy, 2003, p. 35), assinala que o sistema econômico tenta "ocupar cada vez mais o mundo da vida cotidiana, e usa, para esse fim, a monetarização e a burocratização da vida dos consumidores, ditando normas, criando modas, inventando novos hábitos e padrões de consumo".

De acordo com Castilho e Martins (2005, p. 22),

> Todas essas criações estão pautadas em estratégias narrativas, discursivas e mesmo nas de textualização que geram tais efeitos de sentido de construções de mundo, aos quais subjaz, sempre, a ilusão de que determinado produto, publicizado pelas mídias, é absolutamente necessário, desejável, querido, fundamental, imprescindível para seus possíveis consumidores.

A comunicação, portanto, é feita de modo imperativo e cheia de adjetivos: X é o melhor produto do mercado; a lavadora Y é a maior do Brasil; o serviço Z é o mais amplo, sempre pontuando, de forma quantitativa, que quanto mais/maior, melhor. E as propagandas nunca deixam exatamente claro o que, de fato, é maior/melhor.

É curioso como alguns *slogans* definitivamente entram em nossa mente. Por exemplo: Qual é o sabão que deixa mais branco? Qual é o banco feito para você? É possível que, automaticamente, você saiba as respostas para essas perguntas. Entendeu, agora, a influência das propagandas? Além disso, a forma de comunicar incentiva o consumo momentâneo, por meio de frases como "Não fique fora dessa" e "Corra antes que acabe".

Sobre nossa sociedade de consumo,

> o que se constata é que, ao longo do tempo, houve um aumento significativo do real valor atribuído a um bem, de forma que o que antes era considerado não essencial tornou-se

imprescindível. A explicação mais óbvia para essa mudança radical quanto à essencialidade de um produto reside no poder de influência da mídia sobre as pessoas, especialmente sobre as crianças, que as fazem pensar que não podem viver felizes se não puderem consumir aquilo que lhes é apresentado como "essencial". (São Paulo, 2012, p. 26)

É surpreendente pensarmos o *Cogito, ergo sum* (Penso, logo existo), de Descartes, considerando que, no atual panorama, o existir está diretamente ligado ao consumo. Os meios de comunicação, sofisticadamente, moldam nossa ação para o consumir.

Relato pessoal

Eu tenho uma filha pequena, de 6 anos. Sabemos o que ocorre nos meios de comunicação nos dias que antecedem o 12 de outubro, data que, no Brasil, se convencionou chamar de *Dia das Crianças* – o dia em que muitos pais manifestam todo o amor que sentem pelos filhos em forma de brinquedos.

Bem, como sou profissional de marketing, sei que esse é um exemplo da colonização do mundo – conceito exposto por Habermas –, pois creio que um presente, que, na semana seguinte à entrega, fará companhia a muitos outros no fundo do baú, não é capaz de demonstrar o quanto amo minha filha.

Imagine se, para protestar contra a comercialização dessa data, eu não lhe der um presente. Minha filha até poderá entender, mas como será, para ela, o 13 de outubro na escola, quando encontrar seus amiguinhos ostentando os presentes maravilhosos que ganharam de seus pais?

> Como já discutimos, por mais que a identidade seja individual, ela é **forjada no social**. Não posso negar que tenho receio de os amiguinhos dela comentarem que a falta de um presente significa falta de amor ou, quiçá, uma situação financeira desfavorável.
>
> Perceba que, mesmo detendo conhecimento, a celebração dessa data me torna mais um refém da sociedade de consumo, pois eu não deixaria de dar um presente a minha filha no Dia das Crianças.

Diante do exposto, podemos assumir que a propaganda não é apenas uma **ferramenta mercadológica**, mas também fruto de nossa **ordem sociocultural**, um reflexo de nossa sociedade contemporânea.

Nunca duvide do poder da mídia e de sua influência no consumo. Vale lembrar que, originalmente, a roupa do Papai Noel não era vermelha, branca e preta, como atualmente. Ora, você nunca parou para pensar na relação dessas cores com as presentes na lata de Coca-Cola?

6.2
As boas novas do consumo e as mídias sociais

Quais são as boas novas do consumo? Como já comentamos, somos consumidores do mundo, e as mídias sociais potencializaram essa proximidade. As redes sociais, inclusive, são um espaço em que demonstramos como nos comportamos com relação ao consumo. Aliás, quantas fotos de refeições você viu na *timeline* de seu perfil no Facebook ou no Instagram nos últimos dias?

Não obstante, "tornar-se digital não é um luxo, mas uma necessidade" (Kalakota; Robinson, 2002, p. 84), ou seja, a sociedade deu um grande passo para uma nova vida digital, e esse parece ser um caminho sem volta. Imagine alguém tirar uma fotografia de sua refeição, mandar revelá-la e, depois, enviar a imagem por correio para alguém. Exceto em casos muito específicos, isso não ocorria no passado.

Em virtude da globalização, tema que já discutimos, surgiu uma nova forma de consumir: o **comércio eletrônico**.

> O desenvolvimento da integração entre os países trouxe o surgimento de um terceiro mercado, denominado de mercado eletrônico ou virtual, decorrente do uso da internet. Neste mercado, a interferência estatal é praticamente nula ou mínima, porque não existem donos ou porque todos são donos. Característica que o diferencia, dos mercados até então existentes, quais sejam, o mercado nacional e o mercado internacional. (Sousa, 2011, p. 4)

Albertin (2010, p. 86) afirma que "na nova economia, a informação, em todas as suas formas, torna-se digital, reduzida a *bits* armazenados em computadores e correndo na velocidade da luz, por meio das redes". Isso significa que a economia digital tem evoluído, a ponto de nem mais precisarmos ir ao banco, pois, com o *tablet* ou o *smartphone*, podemos fazer 90% das operações bancárias no conforto de nosso lar e a qualquer momento.

Nessa nova economia, é possível adquirir pela internet um produto de uma loja na França, pagá-lo com cartão de crédito internacional – que já realiza o câmbio de euro para real – e acompanhar o *status* do pedido, desde a fabricação, o despacho e o transporte até a data de entrega. Essa é uma realidade impensada, por exemplo, na década de 1980.

Essa nova realidade, alinhada com o poder que emana das redes sociais, dá voz aos consumidores. Por exemplo, em um passado não tão distante, se um consumidor fosse maltratado por um vendedor em uma loja física, no máximo ele comentaria o ocorrido com algumas pessoas mais próximas. Atualmente, a situação é completamente diferente, visto que é possível fazer um depoimento textual sobre a ocorrência nas redes sociais (Facebook, Twitter, entre outras). Em pouco tempo, milhares de pessoas estarão a par do assunto e, aquelas que tiverem passado pela mesma experiência, certamente compartilharão o depoimento, construindo uma imagem negativa do estabelecimento em que aconteceu o desentendimento.

Perguntas & respostas

Rede social e mídia social são a mesma coisa?

Não. As mídias sociais, em verdade, englobam as redes sociais, porém estas são mais extensas. As mídias sociais têm foco no compartilhamento de conteúdo (vide YouTube), e as redes sociais, no relacionamento (a exemplo do Facebook).

Assim, **as mídias e as redes sociais** vêm influenciando os hábitos de consumo, sobretudo, em razão de sua mobilidade. Uma grande inovação no que se refere à propaganda na mídia digital é a **interatividade** com os clientes e a possibilidade de direcioná-los a diversos locais *on-line*, como uma notícia, um vídeo e o *site* da empresa, com vistas a expor uma marca ao público-alvo. Igualmente, é mais rápido e fácil fazer o monitoramento do desempenho da propaganda. Pesa, ainda, a favor dessa mídia o fato de ser um veículo que atinge as pessoas no horário de trabalho, período de pouca penetração dos meios tradicionais.

Nessa lógica, as redes sociais representam a "era da interatividade em grande escala, a evolução da mídia de comunicação **um a um** e **um a muitos** para a comunicação **muitos a muitos**" (Reis; Zucco; Dambrós, 2009, p. 50, grifo do original). Esses "muitos" citados pelos autores se referem aos produtores de conteúdo.

Certa vez, em uma palestra sobre ***startup* expansiva**, o Professor Doutor Frederick Marinus Constant van Amstel[1] mencionou que fazer negócios no Facebook era bem interessante, por se tratar de uma plataforma em que os próprios usuários são os responsáveis pela produção de conteúdo. Isso demonstra essa nova face do consumo: a produção em massa de conteúdo por parte dos consumidores.

> O papel exercido pelos consumidores também se modificou no contexto digital de comunicação. Se antes havia um emissor e um receptor estabelecidos e em posições praticamente estanques, agora os papéis exercidos pelos interagentes se mesclam e se confundem em meio à interatividade possibilitada pela internet, que confere aos indivíduos maior controle da linguagem. (Barichello; Oliveira, 2010, p. 32)

Como agora é possível essa grande interação no processo de comunicação, os consumidores expõem suas experiências de consumo nas mídias e nas redes sociais e, assim, influenciam outras pessoas. Um dos fenômenos dessa disseminação de

---

[1] Conheça o *blog* do professor acessando o seguinte endereço eletrônico: <http://www.usabilidoido.com.br>. Acesso em: 11 set. 2018.

conteúdo sobre as marcas, para o bem ou para o mal, são os memes, "entendidos como ideias, brincadeiras, jogos, piadas ou comportamentos que se espalham através de sua replicação de forma viral" (Fontanella, 2009, p. 8). Em outras palavras, os eventos em nossa sociedade são simbolizados por memes, os quais representam ideias e difundem a comunicação gerada pelos conteúdos relacionados a certos acontecimentos. Por exemplo, o famoso meme de John Travolta, conhecido como *John Travolta confuso*, é muito utilizado quando uma situação requer uma decisão, e o do Trivago, por sua vez, quando alguém quer puxar papo. Já os memes da cantora Gretchen podem ser usado em diversas situações; o sucesso desses memes foi tão grande graças ao conteúdo gerado pelos próprios usuários das redes sociais que a cantora participou do clipe da música "Swish Swish", da artista estadunidense Katy Perry.

Convém destacar os memes envolvendo a empresa O Boticário, fundada por Miguel Krigsner, a fim de ilustrar a guerra virtual provocada após o lançamento da campanha de Dia dos Namorados de 2015, a qual apresentava diversos casais, mostrando também casais homoafetivos. Na época, ocorreu o que se entende por **quebra da internet**, isto é, a propaganda gerou um imenso engajamento: de um lado, houve quem defendesse a marca e, de outro, quem a atacasse. E isso foi feito, em parte com a postagem de diferentes memes. Até mesmo o Conselho Nacional de Autorregulamentação Publicitária (Conar) foi acionado.

Nesse sentido, surgiu um novo perfil de consumidor, como explicam Barichello e Oliveira (2010, p. 32-33):

Muito mais do que mudanças técnicas nos meios de comunicação, a digitalização das mídias criou novas relações entre os indivíduos, permitiu que eles se tornassem produtores de conteúdos e, a partir dessa nova lógica de produção, passassem a disseminar pontos de vista nunca antes vistos/ouvidos/lidos nos meios tradicionais.

[...]

Na nova ambiência midiática já não existe apenas um centro produtor e difusor de informação e entretenimento, mas inúmeros indivíduos que inserem conteúdo próprio a todo instante nas redes virtuais, atuando como mídia, o que altera consideravelmente a ideia que antes tínhamos a respeito de interação e de comunicação.

Esse novo perfil de consumidor que produz conteúdo na internet é definido como **prossumidor** (do inglês *prosumer*). Esse termo foi cunhado por Alvin Toffler (1928-2016) no livro *The Third Wave* (em português, *A terceira onda*), publicado em 1980, mas a ideia de prossumidor já existia nas ondas anteriores.

Apesar de ter sido elaborado na década de 1980, esse conceito é cada vez mais atual, pois, com o advento da internet e as chamadas *mídias digitais*, a produção de conteúdo ganhou viabilidade:

> Muitos dos mesmos dispositivos eletrônicos que usaremos em casa para fazer trabalho remunerado também tornarão possível produzir mercadorias ou serviços para nosso próprio uso. Neste sistema o prossumidor, que dominou as sociedades da Primeira Onda, será trazido de volta ao centro da ação econômica – mas numa Terceira Onda, em base de tecnologia. (Toffler, 1980, p. 275)

Além da mídia, que tem grande influência sobre o consumo, a sociedade atual conta com os prossumidores – consumidores que influenciam outras pessoas com relação aos hábitos de consumo.

Podemos compreender que os consumidores estão mais ativos no processo de comunicação com as empresas, e elas têm cativado e influenciado esse tipo de ação. É o que chamamos de **buzz marketing**, ou seja, a ideia de ampliação da divulgação "boca a boca". Afinal, "as pessoas não querem que se fale para elas, mas que se fale com elas" (Wright, 2008, p. 22).

Valini et al. (2009, p. 4) esclarecem que,

> A partir do momento em que somente a propaganda não consegue mais convencer o consumidor, e que o *Buzz Marketing* tem o poder de criar esse *boca a boca* sobre o produto, transformando-se numa mídia social, é necessário personalizar a informação e a estratégia de entendimento e atendimento para cada tipo de público.

Assim, o *buzz marketing* visa à transformação dos prossumidores em **defensores das marcas**. É difícil imaginar essa situação no passado, quando, para defender ou explicitar o uso de alguma marca, era preciso pagar um anúncio de meia página em um jornal de grande circulação.

Já com as mídias sociais, essa forma natural de propaganda se tornou possível. Um exemplo disso é a piauiense Stefhany Sousa, que ficou conhecida como *Stefhany Crossfox* e, atualmente, é Stefhany Absoluta. Em 2009, ela publicou na internet o videoclipe de uma paródia[2] da música "A Thousand Miles", da cantora estadunidense Vanessa Lee Carlton. O sucesso foi tanto que ela recebeu um veículo Crossfox da fabricante Volkswagen e do programa de televisão *Caldeirão do Huck*, da Rede Globo, e, além disso, participou de outros diversos programas (Biografia..., 2017).

Uma questão a se pensar é: Se a indústria cultural tinha algumas premissas de manipulação de massas, no sentido de pautar o consumo, quem pode garantir que os novos consumidores não são fruto da adaptação tecnológica dessa prática? Trataremos disso na próxima seção.

6.3
E a ética, onde fica?

Sem dúvida, essa é parte mais relevante de nossa abordagem, pois, agora, poderemos avançar em nossa discussão sobre o papel do consumo na sociedade. O sistema hegemônico de mercado, que pauta nossa vida há mais de um século, mesmo com todas as crises que enfrentou, permanecerá por muito tempo em vigência. Não há como imaginar uma ruptura da sociedade com esse sistema, tampouco o desenvolvimento de um novo sistema de mercado. Dessa forma, cabe a nós refletir sobre nosso papel na esfera social.

De acordo com Sá (2009, p. 15), a "ética estuda os fenômenos morais, as morais históricas, os códigos de normas que regulam as relações e as condutas dos agentes sociais,

---

[2] A paródia pode ser assistida no seguinte *link*: <https://www.youtube.com/watch?v=aB3WxjfyrBM>. Acesso em: 30 jul. 2018.

os discursos normativos que identificam, em cada coletividade, o que é certo ou errado fazer".

Assim, ser ético significa agir conforme o que a sociedade espera e respeitando os padrões sociais morais. Diferentemente da moral, a ética é um valor individual (ou se é ético ou não se é). A ética é traduzida por nossos hábitos e nossas ações segundo a moral esperada e compartilhada pela sociedade.

Ter uma conduta ética é praticar as virtudes e fugir dos vícios, ser reflexivo, entender o paradoxo da vida social e julgar a própria participação na sociedade. Ao aplicarmos esse olhar ao consumo, não podemos nos furtar de apontar algumas realidades.

Muito se discute sobre as ideias de consumo consciente, alimentação não industrializada etc. Você já tentou viver sob as regras que norteiam essas discussões (por exemplo, ingerir apenas produtos sem agrotóxico)? Isso nos parece um tanto difícil, principalmente pela questão econômica: os produtos alimentícios tidos como saudáveis são, geralmente, muito mais caros do que os industrializados. Essa é a lógica do sistema, ilustrada nas charges a seguir.

TÔ TIRANDO FOTO DO MEU ALMOÇO PRA POSTAR NAS REDES SOCIAIS!
DUKE

Duke

QUEM QUER VIVER NUM MUNDO MELHOR E MAIS HARMÔNICO?
QUEM ESTÁ DISPOSTO A ABANDONAR ESSE MODELO DE CONSUMISMO DESENFREADO PARA ALCANÇAR ISSO?
LUTE
www.lutecartunista.com.br

Lute

Nessas charges, percebemos o apelo ao consumo, o qual atinge a sociedade. A intenção dos chargistas é demonstrar a contradição entre o que é básico e o que é supérfluo. Uma sociedade tão influenciada e moldada pelo consumismo, o qual promete felicidade, apresenta certos paradoxos. E a mídia é a mola propulsora dessa realidade, pois "a propaganda cria uma imagem de grandeza e poder que a realidade não corrobora e nem poderia corroborar, porque o mundo da propaganda é o mundo das carências, dos desejos e das promessas que realidade alguma pode atender" (Levy, 2003, p. 98).

Na opinião de Resende (2012, p. 2),

> A solução não é produzir e consumir mais bens materiais, mas sim reduzir a desigualdade de padrões de consumo. Não é preciso impedir que os mais pobres tenham acesso a um padrão de vida decente, mas sim interromper a espiral de aspirações consumistas estapafúrdias de toda sociedade. Aspirações alimentadas pela propaganda, tanto explícita, como subliminar, mas, sobretudo enganosa, de que quem mais consome é mais feliz.

Estamos de acordo com a linha de pensamento de Resende (2012) e de Levy (2003), segundo a qual nossa realidade, criada por uma fantasia de consumo para ser feliz, torna-nos prisioneiros. Será que não temos condições de, ao menos, equilibrar o consumo, principalmente no que se refere à existência? Afinal, nesse sistema de mercado, quanto mais marcas uma pessoa ostenta, mais ela demonstra seu sucesso individual. Contudo, como vivemos em sociedade, podemos questionar até quando isso ocorrerá dessa forma.

Não estamos aqui necessariamente fazendo um ataque à propaganda que manipula, que prega que a felicidade está a certa quantia monetária de distância. Nossa inquietude é que, simplesmente, as peças publicitárias não precisam recorrer a essa estratégia. Ser ético na criação de um material de divulgação significa ter empatia para com o próximo, isto é, ser verdadeiro. Como preconiza Habermas, cujos conceitos foram abordados por Levy (2003), isso representa o agir comunicativo, sem se manipular a comunicação.

Vizeu (2005, p. 14) assevera que,

> como a linguagem é o recurso necessário à interação de agentes cognoscitivos, a comunicação acaba sendo distorcida em alguma de suas dimensões (veracidade, sinceridade, retidão ou inteligibilidade), no sentido de manipulação (distorção deliberada) ou contingencial (distorção ocasionada por fatores estruturais).

Com isso, longe de a discussão sobre o consumo pautado pela ética ter papel de vilão ou mocinho – conforme abordado no título deste capítulo –, defendemos a ideia de que a ética está presente nos profissionais que entendem como o mundo foi transformado, desde os tempos antigos até os dias atuais, e que, por isso, apresentam nada mais que a verdade em sua comunicação.

Estudo de caso

A matéria a seguir diz respeito à repercussão da campanha da empresa O Boticário para o Dia dos Namorados, em 2015. Leia o texto levando em consideração o que discutimos neste capítulo e assumindo uma postura ética.

A campanha de Dia dos Namorados do Boticário que mostra diferentes tipos de casais, heterossexuais e homossexuais, trocando presentes, virou alvo de protestos e ameaça de boicote à marca nas redes sociais e até de denúncia ao Conar (Conselho Nacional de Autorregulamentação Publicitária).

O órgão informou nesta terça-feira (2) que abriu um processo para julgar a propaganda após receber mais de 20 reclamações de consumidores que consideraram a peça "desrespeitosa à sociedade e à família". Ainda não há data para o julgamento.

Procurada pelo G1, O Boticário informou que "não recebeu, até o momento, nenhuma notificação do Conar (Conselho Nacional de Autorregulamentação Publicitária), em referência à campanha 'Casais' para o Dia dos Namorados".

A página da marca de cosméticos no Facebook também recebeu uma enxurrada de manifestações, incluindo mensagens de teor homofóbico, mas também muitos elogios à propaganda.

No YouTube, acabou se instalando uma espécie de "competição" para ver se o comercial ganhava mais aprovações ou repro-vações. Na tarde desta terça-feira, por volta das 17h, os "likes" ultrapassaram os "dislikes", com número de 172.833 contra 149.622. [...]

Vários internautas chegaram também a registrar seus protestos no Reclame Aqui, site de reclamações sobre atendimento compra e venda de produtos e serviço.

"O Boticário perdeu a noção da realidade, empurrando essa propaganda que desrespeita a família brasileira. Não tenho preconceito mas acho que a propaganda á inapropriada para a TV aberta, a partir de hoje não compro mais nem um só sabonete lá e eu era cliente", escreveu um consumidor.

Segundo o Reclame Aqui, desde o dia 25 de maio, quando o vídeo foi lançado, até o dia 1º de junho, foram 90 reclamações abertas, sendo 84 delas contra e 6 a favor da propaganda.

"Diversidade do amor"

A marca anunciou o lançamento do comercial como uma defesa da "diversidade do amor", "além das convenções".

Procurado pelo G1, a marca O Boticário informou que ainda não foi notificado pelo Conar. "O Boticário esclarece que acredita na beleza das relações, presente em toda sua comunicação. A proposta da campanha 'Casais', que estreou na TV aberta no dia 24 de maio, é abordar, com respeito e sensibilidade, a ressonância atual sobre as mais diferentes formas de amor – independentemente de idade, raça, gênero ou orientação sexual – representadas pelo prazer em presentear a pessoa amada no Dia dos Namorados. O Boticário reitera, ainda, que valoriza a tolerância e respeita a diversidade de escolhas e pontos de vista."

O Conar informou, por meio da sua assessoria de imprensa, que a abertura do processo para julgar o comercial não impede que a propaganda continue a ser veiculada. O órgão costuma ser cauteloso em casos envolvendo questões morais e o código de autorregulamentação publicitária veda qualquer tipo de preconceito. A previsão é que o caso seja julgado pelo conselho de ética do Conar em até 45 dias.

Outro caso

Em abril, o bombom Sonho de Valsa também trouxe um novo ponto de vista sobre o amor em campanha que entrou em rede nacional. Com o mote "Pense Menos, Ame Mais", a propaganda mostrou casais de diversos tipos em beijos apaixonados, enquanto o narrador levanta hipóteses sobre seus pensamentos.

No filme de 60 segundos são mostrados um casal de idosos, um branco e uma negra, uma gestante e seu marido, um homem em uma cadeira de rodas e uma mulher sentada em seu colo e também um casal de homossexuais do sexo feminino.

Segundo o Conar, não chegaram reclamações ao órgão contra o comercial. (Propaganda..., 2015)

Ao analisarmos essa matéria, compreendemos que a marca ensejou a participação ativa tanto de apoiadores quanto de pessoas contrárias à iniciativa da organização. Diante desse resultado, algumas questões podem ser debatidas, como: O olhar para o consumo sempre deve ser polemizado? O hábito de consumir em demasia é verdadeiramente nocivo? A propaganda é a vilã que induz ao consumo de forma supérflua? Uma propaganda que versa sobre a moral da sociedade e aborda temas considerados tabus deve ser encarada como antiética?

Na matéria apresentada, O Boticário deixa claro que incentiva o amor livre, sem preconceito.

Síntese

Neste capítulo, apresentamos a temática dos prossumidores, consumidores que, graças às facilidades proporcionadas pela internet, produzem conteúdo – tanto positivo quanto negativo – sobre marcas, empresas e produtos. De certa forma, muitos acreditam que essa prática representa uma nova forma de a indústria cultural do consumismo se fazer notar.

Quanto à discussão sobre as reais intenções das campanhas publicitárias de divulgação e sua influência no consumo, precisamos nos pautar pela ética em nossas ações, seja como consumidores, seja como produtores ou canais de comunicação.

Mencionamos ainda que as novas práticas de consumo apresentam alguns paradoxos, como o estímulo à alimentação saudável em contraposição aos altos preços dos produtos tidos como saudáveis.

Nesse sentido, é importante que tenhamos consciência de nossa identidade moldada pelo social e, acima de tudo, a atitude virtuosa de reconhecer nossas fragilidades e potencialidades, para, assim, consumirmos ou ofertarmos produtos/serviços de forma responsável e com a transparência de uma comunicação que traga bons frutos a todos.

Questões para revisão

1) Apesar de muitos acreditarem que os termos *mídias sociais* e *redes sociais* são sinônimos, existem diferenças entre esses conceitos. Uma empresa que desconhece essas diferenças pode adotar estratégias digitais errôneas.

   Com base nisso, analise as afirmativas a seguir, marcando V nas verdadeiras e F nas falsas.

   ( ) Instagram e Prezi são exemplos de redes sociais.
   ( ) O Facebook é uma rede social, pois seu foco é o relacionamento.
   ( ) O YouTube pode ser considerado uma mídia digital, pois seu objetivo é o compartilhamento de conteúdo.

   Assinale a alternativa que corresponde à sequência correta:

   a) V, F, F.
   b) F, F, V.

c) V, V, V.
d) F, V, V.
e) F, F, F.

2) Muitas vezes, somos impactados por anúncios de produtos que carregam consigo *slogans* ou frases de efeito, como "Não fique sem", "Não seja o último" e "Compre já". Em qual tipo de comunicação podemos encontrá-los?
   a) Comunicação irônica.
   b) Comunicação adjetiva.
   c) Comunicação imperativa.
   d) Comunicação paradoxal.
   e) Comunicação metafórica.

3) Um dos frutos da integração entre os países, graças à globalização e à tecnologia, foi a criação de um fenômeno denominado *terceiro mercado*. Esse mercado é o:
   a) local.
   b) virtual.
   c) amplo.
   d) estadual.
   e) regional.

4) Na sociedade dos prossumidores, muitos se utilizam de memes para produzir conteúdo sobre marcas, produtos e situações. Explique como esse fenômeno ocorre.

5) Os conceitos de ética e moral estão atrelados, sendo comum haver confusão na definição deles e na diferenciação de ambos. Sendo assim, explique cada um deles.

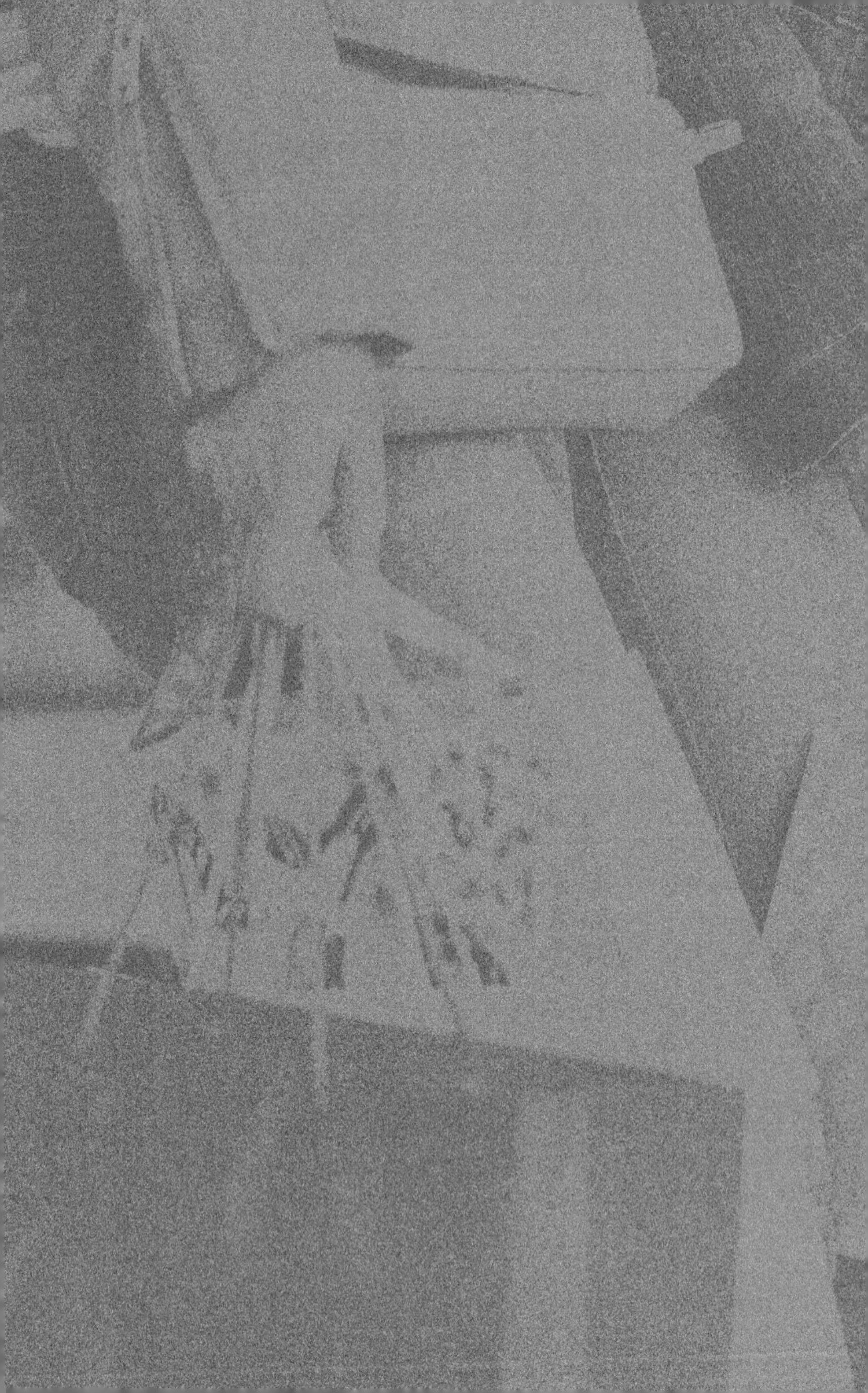

Para concluir...

Propor momentos de reflexão ao leitor: esse foi nosso objetivo no desenvolvimento desta obra. Assim, desde a escolha das temáticas, a definição dos autores e o estilo de escrita adotado, nossa intenção foi estar sempre em permanente diálogo com você. Acreditamos ter obtido êxito nesse sentido.

Como mencionamos na "Apresentação", nossa escolha epistemológica foi ao encontro do que acreditamos ser o papel das publicações técnicas: apresentar concepções sócio-históricas e levar o leitor a refletir, buscar informações em outras fontes e tirar conclusões próprias. Esse é o sentido de uma obra, que deve sempre estar aberta a novas possibilidades.

Com base em textos e opiniões de diversos autores, debatemos diversos conceitos, tanto divergentes quanto convergentes, pois cremos que a tarefa de olhar para a constituição de nossa sociedade não deve ser feita de forma simplista – como se a evolução social ocorresse naturalmente, o que não é verdade. Por exemplo, o desejo de adquirir um carro de US$ 1.000.000,00 não pode ser natural. E, se esse desejo não é natural, é porque foi produzido, e, se foi produzido, certamente foi por conta das atuais interações sociais permitidas pela indústria do consumo.

Nossa pretensão é que, após a leitura deste livro, você siga adiante e faça a leitura de outras obras. Analise intensamente diferentes pontos de vista e seja crítico ao conceber seu conhecimento, visto que toda história tem dois lados. Procuramos abordar os conteúdos com base em nossas reflexões, que podem servir de parâmetro para seus próximos estudos.

Assim, esperamos que este livro tenha contribuído para sua ontologia, ou seja, com a forma pela qual você concebe o mundo.

Boa ventura!

Consultando a legislação

Os textos legais indicados a seguir foram utilizados para a confecção desta obra:

BRASIL. Decreto n. 57.690, de 1º de fevereiro de 1966. **Diário Oficial da União**, Poder Executivo, Brasília, DF, 10 fev. 1966. Disponível em: <http://www.planalto.gov.br/ccivil_03/decreto/d57690.htm>. Acesso em: 11 out. 2018.

Esse decreto "aprova o Regulamento para a execução da Lei n. 4.680, de 18 de junho de 1965" (Brasil, 1966).

BRASIL. Lei n. 4.680, de 18 de junho de 1965. **Diário Oficial da União**, Poder Legislativo, Brasília, DF, 21 jun. 1965. Disponível em: <http://www.planalto.gov.br/ccivil_03/leis/l4680.htm>. Acesso em: 11 out. 2018.

Essa lei "dispõe sobre o exercício da profissão de Publicitário e de Agenciador de Propaganda" (Brasil, 1965).

BRASIL. Lei n. 8.078, de 11 de setembro de 1990. **Diário Oficial da União**, Poder Legislativo, Brasília, DF, 12 set. 1990. Disponível em: <http://www.planalto.gov.br/ccivil_03/leis/L8078.htm>. Acesso em: 11 out. 2018.

Essa lei estabelece "normas de proteção e defesa do consumidor, de ordem pública e interesse social, nos termos dos arts. 5º, inciso XXXII, 170, inciso V, da Constituição Federal e art. 48 de suas Disposições Transitórias" (Brasil, 1990).

BRASIL. Lei n. 12.965, de 23 de abril de 2014. **Diário Oficial da União**, Poder Legislativo, Brasília, DF, 24 abr. 2014. Disponível em: <http://www.planalto.gov.br/ccivil_03/_ato2011-2014/2014/lei/l12965.htm>. Acesso em: 11 out. 2018.

Essa lei regulamenta o uso da internet no Brasil e estabelece diretrizes "para atuação da União, dos Estados, do Distrito Federal e dos Municípios em relação à matéria" (Brasil, 2014).

Referências

ADORNO, T. W.; HORKHEIMER, M. **Dialética do esclarecimento**: fragmentos filosóficos. Tradução de Guido Antonio de Almeida. Rio de Janeiro: J. Zahar, 1985.

ALBERTIN, A. L. **Comércio eletrônico**: modelo, aspectos e contribuições de sua aplicação. São Paulo: Atlas, 2010.

ALVES, E. B.; MONFORT, M. B.; ROLON, V. E. K. **Marketing de relacionamento**: como construir e manter relacionamentos lucrativos. Curitiba: InterSaberes, 2014.

ANDRADE, C. F. de. **Marketing**: O que é? Quem faz? Quais as tendências? 2. ed. Curitiba: InterSaberes, 2012.

ASKOFARÉ, S. Da subjetividade contemporânea. **A peste**, São Paulo, v. 1, n. 1, p. 165-175, 2009. Disponível em: <https://revistas.pucsp.br/index.php/apeste/article/view/2705>. Acesso em: 10 jun. 2018.

BARBOSA, L. **A sociedade de consumo**. Rio de Janeiro: J. Zahar, 2004.

BARICHELLO, E. M. M. da R.; OLIVEIRA, C. C. de. O marketing viral como estratégia publicitária nas novas ambiências midiáticas. **Em Questão**, Porto Alegre, v. 16, n. 1, p. 29-44, jan./jun. 2010. Disponível em: <https://seer.ufrgs.br/EmQuestao/article/view/12939/8743>. Acesso em: 11 out. 2018.

BAUDRILLARD, J. **A sociedade de consumo**. Lisboa: Edições 70, 2003.

BAUMAN, Z. **Vida para consumo**: a transformação das pessoas em mercadorias. Rio de Janeiro: J. Zahar, 2008.

BIOGRAFIA de Stefhany. Disponível em: <https://www.letras.com.br/biografia/stefhany>. Acesso em: 11 out. 2018.

BLACKWELL, R. D.; MINIARD, P. W.; ENGEL, J. F. **Comportamento do consumidor**. 8. ed. Rio de Janeiro: Livros Técnicos e Científicos, 2000.

BRASIL. Lei n. 8.078, de 11 de setembro de 1990. **Diário Oficial da União**, Poder Legislativo, Brasília, DF, 12 set. 1990. Disponível em: <http://www.planalto.gov.br/ccivil_03/Leis/l8078.htm>. Acesso em: 10 jun. 2018.

BURKE, P. **Hibridismo cultural**. São Leopoldo: Unisinos, 2003.

CANCLINI, N. G. **Consumidores e cidadãos**. Rio de Janeiro: Ed. da UFRJ, 2008.

CASTILHO, K.; MARTINS, M. M. **Discursos da moda**: semiótica, design e corpo. São Paulo: Anhembi Morumbi, 2005.

CHURCHILL JUNIOR, G. A.; PETER, J. P. **Marketing**: criando valor para os clientes. São Paulo: Saraiva, 2006.

COBRA, M. **Administração de marketing no Brasil**. São Paulo: Cobra, 2003.

COELHO, T. **O que é indústria cultural**. São Paulo: Brasiliense, 1996.

CONAR – Conselho Nacional de Autorregulamentação Publicitária. **Sobre o Conar**: missão. Disponível em: <http://www.conar.org.br>. Acesso em: 9 out. 2018.

CONSUMO. In: **Dicionário Brasileiro da Língua Portuguesa Michaelis**. Disponível em: <http://michaelis.uol.com.br/moderno-portugues/busca/portugues-brasileiro/consumo/>. Acesso em: 8 out. 2018.

COSTA, J. I. P. da. **Marketing**: noções básicas. Florianópolis: Imprensa Universitária, 1987.

COUTINHO, R. **O conceito da indústria cultural**. 2011. Disponível em: <http://cultura.culturamix.com/curiosidades/o-conceito-da-industria-cultural>. Acesso em: 31 jul. 2018.

DATHEIN, R. Inovação e Revoluções Industriais: uma apresentação das mudanças tecnológicas determinantes nos séculos XVIII e XIX. **Publicações Decon textos didáticos 02/2003**. Porto Alegre: Decon/UFRGS, 2003. Disponível em: <https://www.ufrgs.br/napead/projetos/descobrindo-historia-arquitetura/docs/revolucao.pdf>. Acesso em: 5 out. 2018.

DELEUZE, G.; GUATTARI, F. **Mil platôs**: capitalismo e esquizofrenia. Rio de Janeiro: Ed. 34, 1995. v. 3.

DIAS, L. A. L. de M. **Publicidade e direito**. São Paulo: Revista dos Tribunais, 2010.

DUARTE, R. A. de P. **Teoria crítica da indústria cultural**. Belo Horizonte: Ed. da UFMG, 2007.

FABIANO, L. H. Indústria cultural e educação estética: reeducar os sentidos e o gesto histórico. In: ZUIN, A. Á. S.; PUCCI, B.; OLIVEIRA, N. R. de (Org.). **A educação danificada**: contribuições à teoria crítica da educação. Petrópolis: Vozes; São Carlos: Ufscar, 1998. p. 159-180. v. 1.

FONTANELLA, F. I. O que é um meme na internet? Proposta para uma problemática da memesfera. In: SIMPÓSIO NACIONAL DA ABCIBER, 3., 2009, São Paulo. **Anais**... São Paulo: Abciber, 2009.

FONTES, V. Freud, conflito, contradição e história: elementos para uma discussão sobre a historicidade. **Trieb**, Rio de Janeiro, v. 2, n. 2, p. 1-27, 2004.

GARCIA, R. da S. **Composto de marketing**: produto/serviço. 18 abr. 2012. Disponível em: <http://www.administradores.com.br/artigos/marketing/composto-de-marketing-produtoservico/62973>. Acesso em: 8 out. 2018.

GIDDENS, A. **As consequências da modernidade**. Tradução de Raul Fiker. São Paulo: Ed. da Unesp, 1990.

GUATTARI, F.; ROLNIK, S. **Micropolítica**: cartografias do desejo. Petrópolis: Vozes, 2013.

GUIMARÃES, R. Branding: uma nova filosofia de gestão. **Revista da ESPM**, São Paulo, ano 9, v. 10, p. 86-103, mar./abr. 2003.

GUMMESSON, E. **Total Relationship Marketing**: Rethinking Marketing Management – from 4Ps to 30Rs. Oxford: Butterworth-Heinemann, 1999.

HALL, S. **A identidade cultural na pós-modernidade**. 10. ed. Rio de Janeiro: DP&A, 2005.

HINE, L. **Doffers at the Bibb Mill N. 1**. 1909. 1 fot.: p&b. Disponível em: <https://www.ibiblio.org/sohp/laf/factoryimages.html>. Acesso em: 16 jul. 2018.

HOBSBAWM, E. J. **A era das revoluções**: 1789-1848. Tradução de Maria Tereza Teixeira e Marcos Penchel. São Paulo: Paz e Terra, 2015.

HUERTAS, M. K. Z.; CAMPOMAR, M. C. Apelos racionais e emocionais na propaganda de medicamentos de prescrição: estudo de um remédio para emagrecer. **Ciência & Saúde Coletiva**, v. 13, p. 651-662, 2008. Disponível em: <http://producao.usp.br/handle/BDPI/6231>. Acesso em: 9 out. 2018.

JULIATTO, A.; TORTATO, A.; FERREIRA, L. C. Meio de consumo de filmes, séries e música, streaming chegou para ficar. **Bem Paraná**, 23 nov. 2017. Disponível em: <https://www.bemparana.com.br/noticia/meio-de-consumo-de-filmes-series-e-musica-streaming-chegou-para-ficar>. Acesso em: 10 out. 2018.

KALAKOTA, R.; ROBINSON, M. **E-business**: estratégias para alcançar o sucesso no mundo digital. Porto Alegre: Bookman, 2002.

KARSAKLIAN, E. **Comportamento do consumidor**. 2. ed. São Paulo: Atlas, 2004.

KOTLER, P.; ARMSTRONG, G. **Princípios de marketing**. Tradução de Cristina Yamagami. 12. ed. São Paulo: Prentice Hall, 2007.

KOTLER, P.; KELLER, K. L. **Administração de marketing**. Tradução de Sônia Midori Yamamoto. 14. ed. São Paulo: Pearson Education do Brasil, 2012.

LAS CASAS, A. L. **Marketing: conceitos, exercícios, casos**. 7. ed. São Paulo: Atlas, 2006.

LATOUCHE, S. **Pequeno tratado do decrescimento sereno**. Lisboa: Edições 70, 2012.

LEÃO et al. Cadeira de aço. Intérpretes: Zé Neto e Cristiano. In: **Um novo sonho**. Cuiabá: Work Show, 2016. 1 DVD. Faixa 14.

LEVY, A. **Propaganda**: a arte de gerar descrédito. Rio de Janeiro: Ed. da FGV, 2003.

LIPOVETSKY, G. **A felicidade paradoxal**: ensaio sobre a sociedade de hiperconsumo. Tradução de Maria Lucia Machado. São Paulo: Companhia das Letras, 2007.

LUTZENBERGER, J. A. **Crítica ecológica do pensamento econômico**. Porto Alegre: L&PM, 2012.

MAGALHÃES, T. A. **Valor da marca para o consumidor**: um estudo empírico no setor automotivo. 113 f. Dissertação (Mestrado em Administração) – Faculdade de Ciências Econômicas Administrativas e Contábeis de Belo Horizonte, Universidade Fumec, Belo Horizonte, 2006. Disponível em: <http://www.fumec.br/revistas/pdma/article/view/4209/2086>. Acesso em: 9 out. 2018.

MARTINS, C. C. S.; MARTINS, A. C. S. Cultura, consumo e mídia: o espetáculo "moda" está no ar! **Iara – Revista de Moda, Cultura e Arte**, São Paulo, v. 8, n. 2, jan. 2016. Disponível em: <http://www1.sp.senac.br/hotsites/blogs/revistaiara/wp-content/uploads/2016/03/86_IARA_artigo_revisado.pdf>. Acesso em: 10 out. 2018.

MARX, K. **O capital**: crítica da economia política – o processo de produção do capital. Tradução de Regis Barbosa e Flávio R. Kothe. São Paulo: Abril Cultural, 1988. v. 1.

MESTRINER, F. **Gestão estratégica de embalagem**: uma ferramenta de competitividade para sua empresa. São Paulo: Prentice Hall, 2008.

MULLER, M. Depressão cresce entre os adolescentes. Adaptado para web por Caroline Svitras. **Psique**, 22 set. 2017. Disponível em: <http://psiquecienciaevida.com.br/depressao-cresce-entre-os-adolescentes>. Acesso em: 11 set. 2018.

NOJIMA, V. L. M. dos S.; ALMEIDA JUNIOR, L. N. de. Globalização e desterritorialização: reflexões preliminares sobre uma ideologia. **Alceu**, v. 7, n. 14, p. 96-116, jan./jun. 2007. Disponível em: <http://revistaalceu.com.puc-rio.br/media/Alceu_n14_Nojima.pdf>. Acesso em: 10 out. 2018.

ORTIZ, R. **Mundialização e cultura**. São Paulo: Brasiliense, 1994.

OSTERWALDER, A.; PIGNEUR, Y. **Business Model Generation**: inovação em modelos de negócios – um manual para visionários, inovadores e revolucionários. Rio de Janeiro: Alta Books, 2011.

PAVITT, J. (Ed.). **Brand-New**. London: Priceton University Press, 2003.

PINHEIRO, J. L. **Mercado de capitais**: fundamentos e técnicas. 3. ed. São Paulo: Atlas, 2005.

POLANYI, K. **A grande transformação**: as origens de nossa época. Tradução de Fanny Wrobel. 2. ed. Rio de Janeiro: Campus, 2000.

PROPAGANDA de O Boticário com gays gera polêmica e chega ao Conar. **G1**, 2 jun. 2015. Disponível em: <http://g1.globo.com/economia/midia-e-marketing/noticia/2015/06/comercial-de-o-boticario-com-casais-gays-gera-polemica-e-chega-ao-conar.html>. Acesso em: 11 out. 2018.

REIS, C.; ZUCCO, F. D.; DAMBRÓS, J. A gestão colaborativa da marca nas redes sociais virtuais. **Remark**, São Paulo, v. 8, n. 2, p. 41-54, jul./dez. 2009. Disponível em: <http://www.revistabrasileiramarketing.org/ojs-2.2.4/index.php/remark/article/view/2133/pdf_8>. Acesso em: 11 out. 2018.

RESENDE, A. L. Os novos limites do possível. **Valor Econômico**, São Paulo, jan. 2012.

ROBBINS, S. P. **Comportamento organizacional**. 9. ed. São Paulo: Prentice Hall, 2002.

ROUSSEAU, J.-J. **O contrato social**. 3. ed. São Paulo: Martins Fontes, 1996.

SÁ, A. L. de. Ética profissional. 8. ed. São Paulo: Atlas, 2009.

SAKKIS; A.; AFONSO, I. Nova era industrial transformará produtividade global. **Portal da Indústria**, 14 abr. 2016. Disponível em: <http://www.portaldaindustria.com.br/agenciacni/noticias/2016/04/nova-era-industrial-transformara-produtividade-global/>. Acesso em: 10 jun. 2018.

SALOMÃO, K. Banco mais antigo do mundo está à venda. **Exame**, 10 nov. 2014. Disponível em: <http://exame.abril.com.br/negocios/noticias/banco-mais-antigo-do-mundo-esta-a-venda>. Acesso em: 10 jun. 2018.

SANDRONI, P. (Org.). **Dicionário de economia do século XXI**. Rio de Janeiro: Record, 2006.

SÃO PAULO (Estado). Secretaria do Meio Ambiente. Coordenadoria de Planejamento Ambiental. **Consumo sustentável**. Autoria de Denize Coelho Cavalcante. São Paulo, 2012. (Cadernos de Educação Ambiental, v. 10). Disponível em: <http://igeologico.sp.gov.br/wp-content/uploads/cea/10-consumo-sustentavel.pdf>. Acesso em: 11 out. 2018.

SCHWAB, K. **A quarta revolução industrial**. São Paulo: Edipro, 2016.

SILVA, J. N. da; MACHADO, J. A.; MELO, P. G. S. de. O marketing digital nas redes sociais: o caso do IEL/RR. In: SIMPÓSIO DE EXCELÊNCIA EM GESTÃO E TECNOLOGIA, 13., 2016, Resende. **Anais**... Resende: AEDB, 2016. Disponível em: <https://www.aedb.br/seget/arquivos/artigos16/20124328.pdf>. Acesso em: 8 out. 2018.

SOLOMON, M. R. **O comportamento do consumidor**: comprando, possuindo e sendo. 11. ed. Porto Alegre: Bookman, 2016.

SOUSA, A. N. L. de. Globalização: origem e evolução. **Caderno de Estudos Ciência e Empresa**, Teresina, ano 8, n. 1, p. 2-16, jul. 2011. Disponível em: <http://files.ibijus.webnode.com.br/200000930-46fff4854c/glob1.pdf>. Acesso em: 11 out. 2018.

TARSITANO, P. R.; NAVACINSK, S. D. G. Marca: patrimônio das empresas e diferencial dos produtos. **Comunicação & Sociedade**, São Bernardo do Campo, n. 41, p. 55-72, 2004. Disponível em: <https://www.metodista.br/revistas/revistas-ims/index.php/CSO/article/view/4030/3489>. Acesso em: 9 out. 2018.

TAVARES, F. M. **Psicologia do comportamento do consumidor na internet (e-consumer)**. 15 jul. 2012. Disponível em: <http://marketingfuturo.com/psicologia-do-comportamento-do-consumidor-na-internet-e-consumer>. Acesso em: 10 out. 2018.

THIRY-CHERQUES, H. R. Max Weber: o processo de racionalização e o desencantamento do trabalho nas organizações contemporâneas. **Revista de Administração Pública**, Rio de Janeiro, v. 43, n. 4, p. 897-918, jul./ago. 2009. Disponível em: <http://www.scielo.br/pdf/rap/v43n4/v43n4a07.pdf>. Acesso em: 5 out. 2018.

TOFFLER, A. **A terceira onda**. Tradução de João Távora. 8. ed. Rio de Janeiro: Record, 1980.

VALINI, A. C. et al. Buzz marketing: uma análise do programa de educação nutricional da Nutriplus Alimentação. **Revista Eletrônica de Administração**, v. 8, n. 2, 2009. Disponível em: <http://periodicos.unifacef.com.br/index.php/rea/article/view/366/352> . Acesso em: 11 out. 2018.

VIDOR, G.; MEDEIROS, J. F. de; FOGLIATTO, F. S. Definição de características críticas na implementação de serviços customizados em massa. **Production**, Porto Alegre, v. 24, n. 4, p. 911-926, out./dez. 2014. Disponível em: <http://hdl.handle.net/10183/115395>. Acesso em: 8 out. 2018.

VIZEU, F. Ação comunicativa e estudos organizacionais. **Revista de Administração de Empresas**, São Paulo, v. 45, n. 4, p. 10-21, dez. 2005. Disponível em: <http://www.scielo.br/pdf/rae/v45n4/v45n4a02.pdf>. Acesso em: 11 out. 2018.

VIZEU, F.; MENEGHETTI, F. K.; SEIFERT, R. E. Por uma crítica ao conceito de desenvolvimento sustentável. **Cadernos Ebape.br**, v. 10, n. 3, p. 569-583, 2012. Disponível em: <http://www.scielo.br/pdf/cebape/v10n3/07.pdf>. Acesso em: 6 set. 2018.

WEBER, M. **A ética protestante e o espírito do capitalismo**. São Paulo: Martin Claret, 2013.

WOOD, E. M. **A origem do capitalismo**. Rio de Janeiro: J. Zahar, 2001.

WRIGHT, J. **Blog marketing**: a nova revolucionária maneira de aumentar vendas, estabelecer sua marca e alcançar resultados excepcionais. São Paulo: M. Books, 2008.

YANAZE, M. H. **Gestão de marketing e comunicação**: avanços e aplicações. São Paulo: Saraiva, 2007.

ZEITHAML, V. A.; BITNER, M. J.; GREMLER, D. D. **Marketing de serviços**: a empresa com foco no cliente. Tradução de Félix José Nonnemacher. 5. ed. Porto Alegre: Bookman, 2011.

Respostas

Capítulo 1

1) a
2) d
3) b
4) Segundo Polanyi (2000), a autorregulação significa que toda a produção deve ser posta à venda no mercado e que todos os rendimentos derivam de tais vendas. Por conseguinte, há mercados para todos os componentes da indústria, não apenas para os bens (sempre incluindo serviços), mas também para o trabalho, a terra e o dinheiro, sendo seus preços chamados, respectivamente, *preços de mercadorias*, *salários*, *aluguel* e *juros*.
5) No marketing reativo, o foco deixa de ser exclusivamente no produto e nas vendas, passando-se a considerar os sentimentos das pessoas que o consomem. Já no marketing proativo, além de assumir essa premissa, as empresas devem atender às necessidades latentes dos consumidores antes mesmo de eles se darem conta de tais demandas.

Capítulo 2

1) c
2) b
3) e

4) É o papel de iniciador, o agente responsável por iniciar a compra, ou seja, é quem reconhece ou dá início à necessidade de aquisição.
5) O cliente é aquele que adquire algo que pode ser para si ou para outra pessoa, isto é, não é quem necessariamente consumirá o produto. O consumidor, por sua vez, é aquele que de fato fará uso do produto, ou seja, o usuário; portanto, independe de ser ele próprio o cliente.

Capítulo 3

1) b
2) d
3) c
4) O marketing de massa considera todo o mercado, sem levar em conta as necessidades e os desejos específicos de cada segmento, ou seja, sem reconhecer que pessoas de diferentes regiões, faixas etárias, estilos de vida, sexos, etnias, entre outros aspectos, podem ter anseios distintos.
5) O produto potencial, por ser o último dos níveis de benefícios, refere-se ao nível em que a empresa extrapola os anseios de seus clientes, surpreendendo-os com ofertas customizadas.

Capítulo 4

1) c
2) d
3) d
4) Na Idade Média, o poder estava sob o controle da Igreja Católica Apostólica Romana. Nesse período, o que importava era a felicidade pós-vida. Já o Iluminismo trazia a promessa de progresso econômico e social, segundo a qual qualquer pessoa poderia ascender socialmente.

5) O consumo se refere à aquisição e ao consumo dos produtos ou serviços de que precisamos. Já o consumismo ocorre quando o consumo não é pautado pelas necessidades, mas pela satisfação de desejos para os quais, muitas vezes, não temos explicações racionais.

Capítulo 5

1) c
2) d
3) c
4) Um dos impactos do mundo globalizado é a possibilidade de consumirmos bens tangíveis e intangíveis de qualquer lugar do mundo, pois estamos em uma era na qual não há barreiras para o consumo.
5) Ao segmentar o mercado, a empresa entende que essa divisão se baseia em necessidades distintas, que são resultado de diferentes estilos de vida ou personalidades, o que cria formas diferentes de as pessoas conduzirem sua vida.

Capítulo 6

1) d
2) c
3) b
4) Os memes são ferramentas para a expressão de ideias e a difusão de conteúdo. Segundo Fontanella (2009, p. 8), "são entendidos como ideias, brincadeiras, jogos, piadas ou comportamentos que se espalham através de sua replicação de forma viral". Os prossumidores usam a criatividade para expor opiniões acerca de marcas, produtos e serviços e, muitas vezes, fazem isso por meio de memes.

5) A moral pertence à sociedade e se refere aos usos e costumes aceitos socialmente para uma boa convivência compartilhada. Já a ética é individual e representa o agir de acordo com o esperado pela moral social.

Sobre o autor

Elizeu Barroso Alves é doutorando e mestre em Administração pelo Programa de Mestrado e Doutorado em Administração da Universidade Positivo (PMDA-UP), vinculado às áreas de organizações, gestão e sociedade e de estudos concentrados em organização e mudança. É bolsista no Programa de Suporte à Pós-Graduação de Instituições de Ensino Particulares (Prosup-Capes). Tem graduação em Administração e MBA em Gestão de Marketing pelo Centro Universitário Internacional Uninter. Atualmente, é professor e coordenador de operações na metodologia semipresencial da Escola Superior de Gestão, Comunicação e Negócios (ESGCN), do Centro Universitário Internacional Uninter. Tem experiência na área de administração, sobretudo nos seguintes temas: racionalidades, empreendimentos de economia solidária, pragmática da linguagem, mercadologia e inovação nas organizações. Atuou em empresas como Senac/PR, Spaipa/Coca-Cola e Soteco Brasil.

Os papéis utilizados neste livro, certificados por instituições ambientais competentes, são recicláveis, provenientes de fontes renováveis e, portanto, um meio responsável e natural de informação e conhecimento.

FSC
www.fsc.org
MISTO
Papel produzido a partir de fontes responsáveis
FSC® C103535

Impressão: Reproset
Novembro/2019